Katharina Rutschky *Im Gegenteil*
Politisch unkorrekte Ansichten über Frauen

Katharina Rutschky
Im Gegenteil

Politisch unkorrekte Ansichten über Frauen
Mit einem Vorwort von Ina Hartwig

Verlag Klaus Wagenbach   Berlin

Die Aufsätze wurden nach den Originalmanuskripten von Katharina Rutschky gedruckt, lediglich die Rechtschreibung wurde verändert. Wir bedanken uns bei Juliane Jacobi für die Beratung und bei Michael Rutschky für die freundliche Öffnung des Archivs.   Der Verlag

Wagenbachs Taschenbuch 675
Originalausgabe

© 2011 Verlag Klaus Wagenbach, Emser Str. 40/41, 10719 Berlin

Umschlaggestaltung: Julie August unter Verwendung einer Photographie von © Anja Weber. Reihenkonzept: Rainer Groothuis. Das Karnickel auf Seite 1 zeichnete Horst Rudolph. Autorenphoto © Anja Weber. Gesetzt aus der Scala Sans und der Arena New von Doreen Engel. Vorsatzmaterial von peyer graphic gmbh, Leonberg. Gedruckt und gebunden bei Pustet, Regensburg.
Printed in Germany. Alle Rechte vorbehalten.

ISBN 978 3 8031 2675 7

Inhalt

7   VORWORT. WEIBLICHER MENSCH, NA UND?
    Über Katharina Rutschky   *von Ina Hartwig*

11 MEIN FREMDKÖRPER
    Von der Bildung durch Fleisch und Blut

22 GUTER TON BEI SCHLECHTER KLASSENLAGE
    Was der Verfall der guten Sitten seit den Fünfzigern
    wirklich zu bedeuten hat

31 SO SIND JUNGS – MAGAZINE NUR FÜR IHN
    Unsere Presse. Neue Folge

40 VITA, VIRGINIA UND ANGELICA
    Drei Frauen aus Bloomsbury und Umgebung

48 UNECHT, ZWECKLOS, ALBERN
    Über Mode als Medium weiblicher Identitätsbildung

63 WEIBLICHE SEILSCHAFTEN
    Von erfolgreichen Jungfrauen, Witwen und Freundinnen

69 WIE MAN SICH FRAUEN DACHTE
    Die Kulturgeschichte des sexuellen Dimorphismus

74 DIE GEHEIMNISSE DES WÄSCHESCHRANKS
    Erkenntnisse über den Fortschritt zur maßgeschneiderten Ehe

78 IM QUOTENFIEBER

81 FEMINISMUS ALS IMPORT- UND EXPORTARTIKEL

86 VIEL LÄRM UM FAST NICHTS
    Hat sich der Feminismus selbst abgeschafft, oder brauchen wir
    einen anderen, besseren? Einfälle einer späten Seiteneinsteigerin

96   DU KANNST MICH RUHIG FRAU HITLER NENNEN
Vom Leben auf der Chef-Etage: Als Frau durchs Dritte Reich

100   LETTERA ANTIFEMMINISTA DA BERLINO NO. 3

102   HERZLICHEN GLÜCKWUNSCH, FRAU LUTHERIN
Zum 500. Geburtstag der Katharina von Bora

111   DIE PILLE HAT GEBURTSTAG
40 Jahre weiblicher Freiheit
oder bloß ein Kapitel Medizingeschichte?

118   FRAUEN MIT KOCHSTÖRUNGEN
Eine Forschungslücke

122   DIE ABENTEURERIN
Ein Kapitel aus der Phänomenologie der Weiblichkeit oder:
Brave Mädchen kommen in den Himmel, böse überallhin

127   DIE MONROE WIRD 80
Sexappeal vs. gender mainstreaming

131   DER FEMINISMUS HEISST IMMER NOCH ALICE!
Warum Schwarzers Lektionen nicht mehr zünden

135   DIE GENERATION DER KLAGLOSEN UND VERNÜNFTIGEN
Margarete Mitscherlich zum 90. Geburtstag

138   100 JAHRE SIMONE DE BEAUVOIR
Wie man sich selbst und nebenher auch noch die neue Frau erfindet

Weiblicher Mensch, na und?
Über Katharina Rutschky

Ich zu sagen gilt in Deutschland als nicht fein, als irgendwie peinlich und aufdringlich. Gerade deshalb, vermute ich, hat sie so gern »ich« gesagt. Doch nicht immer. Gelegentlich flaniert sie auch als »K.« durch ihre eigenen Texte, als wäre sie der anonymisierte Untersuchungsgegenstand einer soziologischen Studie. Und tatsächlich, ohne die Soziologie im Hintergrund wird man sie und ihr Denken nicht verstehen können. Sie war eine Forscherin im strengen Sinn des Wortes. Sich den Spielregeln einer Universität lebenslang unterzuordnen, dazu war sie nicht geschaffen. Also war sie eine Forscherin ohne Lehrstuhl. In ihrem Kopf wohnte eine Freiheit, die sie hütete als Kostbarkeit einer »hartgesottenen Einzelkämpferin« (K.R. über K.R.). Nach ihrer spezifischen Form von Freiheit waren viele süchtig, und keineswegs nur Frauen. Es gab Jahre, da war Katharina Rutschky Kult.

Den gesunden Menschenverstand führte sie bei Gelegenheit gegen überkandidelte Statistiken und gescheitelte Professoren ins Feld. Sie hatte das, was man Bodenhaftung nennt. Vor allem war sie, von Theodor W. Adorno zu Niklas Luhmann übergewechselt, eine Forscherin, die sich selbst beobachtete – die ihren Gefühlen zugleich vertraute und misstraute. Letzteres erwartete sie auch vom Feminismus, doch wurde sie reichlich enttäuscht, jedenfalls von seiner deutschen Machart. Bei den Italienerinnen fand sie in ihrem letzten Lebensjahrzehnt einen selbstkritischen, lebensfroh-intellektuellen Feminismus, der ihr behagte. Auffällig war ihre Dankbarkeit: für die Bildungschancen des Nachkriegsmädchens aus eher kleinbürgerlichen Verhältnissen. Dass sie es geschafft hatte, als öffentliche Stimme Gehör zu finden, erfüllte sie mit kindlichem Stolz. Die gute Schülerin! Wie brüchig dieser Stolz war, habe ich allerdings ebenfalls erlebt, später, als Freundin. Was aus Katharina Rutschky wohl geworden wäre, hätte sie in einem anderen Jahrhundert gelebt?

Wir haben uns kennengelernt nach dem Mauerfall als Einwohner West-Berlins, ich damals in der Promotion steckend und die ersten journalistischen Experimente wagend, sie längst ein mondäner Promi; der Abstand zwischen uns also riesig. Das erste Mal sah ich sie, damals noch mit künstlicher Krause, die bald der silbergrauen Kurzhaarfrisur wich, als Begleiterin ihres Mannes Michael. Er hatte irgendwo in Berlin einen Podiumsauftritt zu absolvieren, während sie ihm immerzu von schräg hinten kichernd etwas ins Ohr tuschelte. Nicht gerade gutes Benehmen. Aber so waren sie: ein ständig redendes, denkendes Paar. Die umgekehrte Situation, dass er sie begleitete zu einem ihrer Auftritte, ergab sich bald. In einem Kreuzberger Szenekino hielt Katharina Rutschky einen Diavortrag über Damenstrümpfe im Wandel der Zeiten. Angetan hatten es ihr die nach dem Krieg (Nylons waren Mangelware) direkt auf die nackten Waden gestrichelten falschen Nähte. Die historische Erkundung trug Züge einer strukturalistischen Etüde – und lebte von dem verschmitzten Vergnügen der Rednerin an femininer Improvisationskunst und Extravaganz.

Die Öffentlichkeit war ihr Metier, darin brillierte sie, dort fühlte sie sich sicher. Bis zu dem Tag, als militante Feministinnen sie tätlich angriffen. In der Zeit sah ich sie plötzlich ängstlich. Sie brauchte Unterstützung, und sie bekam sie, denn sie hatte längst einen generationenübergreifenden Kreis um sich versammelt. Die Rutschkys – beide! – waren, wie es in den Nachrufen zu Katharinas Tod im Januar 2010 hieß, ein Institut ohne Institution. Ihr Kreis hatte nichts verschwiemelt Bündisches, aber es war doch eine Ehre »aufgenommen« zu werden. Das geschah in meinem Fall so: Katharina Rutschky besuchte mich eines Tages in der Redaktion der *taz*, wo ich als Aushilfskulturredakteurin eingesprungen war. Sie führte mich in die Cafeteria, zog genüsslich an ihrer Zigarette und teilte mir feierlich mit, dass sie mich im Blick habe. Parole Weitermachen! Mir zitterten die Knie, ich schwebte auf Wolke sieben. Und ich habe daraus gelernt, dass man als älter werdender Mensch die Großzügigkeit aufbringen muss, dem Nachwuchs Mut zu machen.

Wenn es etwas gab, das sie verabscheute, dann Klassendünkel. In Dahlem hätte sie nicht leben können; den Bio-Kult hat Katharina Rutschky nie mitgemacht. Sie lebte mit Mann, Hund und Katze in Kreuzberg 61 und forschte dort sozusagen vor der Tür. Das Forschungsprojekt könnte gelautet haben: Zivilisation und Unterklasse. Oder so ähnlich. Das Rutschky-Institut sympathisierte mit der Nachbarschaft, mit den bescheidenen Freuden, die ein bescheidenes Leben bietet; von der Glotze über Essen & Trinken bis zur Lulle. Als die Kampfhundangst umging, blieb K. cool und vertraute auf den Instinkt ihres Vierbeiners, eines Cockerspaniels namens Kupfer, die antiautoritären Reflexe angewandt auf die Stadt der Tiere. In der Wohnung sah es aus wie bei Studenten: abgeschabte Sessel, Pritschen zum Schlafen, Bücherwände aus Gemüsekisten. Und in der Küche, wo Katharina Rutschky ihre nicht vorhandenen »Kochstörungen« (eine ihrer wunderschönen Wortschöpfungen) auslebte, stand nicht einmal eine Spülmaschine. Katharina Rutschky liebte ihren Alltag. Aber eines liebte sie nicht: das Schreiben. Es fiel ihr schwer, sie rang tagelang um Formulierungen, quälte sich. Als FR-Redakteurin später in Frankfurt musste ich oft auf ihre Texte warten, die sie per Fax schickte von einem Berliner Postamt. (Erst in den letzten Jahren war sie umgestiegen auf Computer und E-Mail.) Wenn ihre Manuskripte endlich ankamen, sah man ihnen die Mühe nicht an.

Auch jetzt, beim Wiederlesen, beeindruckt ihr Stil, ihr Esprit, ihre raffinierte, pointensichere Dialektik, ihr politischer Klarblick und: ihr Witz. Eigentlich war Katharina Rutschky eine klassische Intellektuelle, ein Typus, von dem es in Deutschland nicht gerade wimmelt. Als Frau war sie ein Intelligenzwesen, der Aufklärung verpflichtet und daher vor allem: Mensch. Ihr universeller Humanismus ist in den Texten dieses Buchs, die im weitesten Sinne um die Situation der Frauen und des Feminismus kreisen, stets präsent. Nur weil er als Frau zur Welt kommt, also rein zufällig, ist der Mensch noch lange nicht benachteiligt. Ein weiblicher Mensch, na und? Jene Jungen, denen angemessene männliche Vorbilder fehlen, haben es im Leben unter Umständen schwerer als Bürgertöchter, die sich auf ihrem Karriereweg mit einer Dissertation über Genderfragen qualifizieren.

A propos Karriere. Katharina Rutschky glaubte fest an Fortschritt und Emanzipation, und zwar über das teure Prinzip der Gleichheit aller vor dem Gesetz. Das wollte sie verteidigen, im Allgemeinen wie im Konkreten. »Quotenfieber« hingegen sei ober- und bildungsschichtfixiert – man sieht, wie aktuell diese »alten« Texte sind. Die akademische Gendermode seit den achtziger Jahren nahm sie anfangs fasziniert, später skeptisch zur Kenntnis. Sie ahnte, dass der Wunsch, der Biologie einen Strich durch die Rechnung zu machen, den guten alten Penisneid beerbe: Anstelle des Neids auf den Status der Männer würde die eigene Geschlechtszugehörigkeit im Orkus der Abstraktion versenkt. Um wie viel gefährlicher für die konkreten Mädchen im konkreten sozialen Alltag das schlechte Gewissen ist, das wusste die Freudianerin Rutschky. Mit diesem uralten subtilen Unterdrückungsvehikel lassen sich, etwa von Müttern, die weiblichen »Tugenden« wie Liebsein, Anpassung, Unterordnung und Hübschsein erzwingen, während die aufgeklärte Gesellschaft offiziell die weibliche »Karriere« verordnet. In dieser konfliktreichen Gemengelage plädierte Katharina Rutschky für Fleiß, Trotz, Humor, kurzum für einen libertären Individualismus, von dem sie aus eigener Erfahrung wusste, wie schwierig er in die Tat umzusetzen ist.

Bei unserem letzten Telefongespräch erzählte sie voller Hoffnung, den Krebs besiegt zu haben, sie arbeite an einem Essay über Simone Weil und Jeanne Hersch, zwei Philosophinnen, ganz unterschiedlich, mystisch die eine, weltlich die andere, die aber vereint waren in dem emphatischen Ringen um Freiheit. Katharina Rutschky konnte diesen Essay nicht mehr abschließen. Er fehlt also in diesem Band, stellvertretend für ihre Stimme, die unersetzbar bleibt.

Ina Hartwig

Mein Fremdkörper
Von der Bildung durch Fleisch und Blut

»Je suis fatiguée.« Mit diesem einfachen Satz, das behauptete jedenfalls die Lehrerin, müsse man als weiblicher Mensch in Frankreich äußerst vorsichtig umgehen. Es handele sich dabei nämlich um einen Euphemismus, der, jedermann allzu verständlich, jenen heiklen Zustand beschönigend offenbare, mit dem seit zwei, drei Jahren bekannt zu sein sie, ohne deutlicher zu werden, bei allen Untersekundanerinnen wohl unterstellen könne. Leider verstand auch K. sie nur allzu gut, diese Studienrätin, die, wie alle ihrer Gattung, eisern mit »Fräulein« angeredet wurde, weil man sich damals, in den Fünfzigern, Gesellschaft ohne die binäre Kodierung (verheiratet/unverheiratet) aller weiblichen Menschen einfach nicht denken konnte. Sie selbst am wenigsten. Und trotzdem beobachtete K., dass es niemandem schwerfiel, diesen Gegensatz, aber auch alle andern bei Bedarf zu vergessen. Aus der Studienrätin X. konnte plötzlich eine weise Frau werden. Die erklärte uns keine Besonderheiten der französischen Sprache, sondern die gab uns einen Tipp, wie wir, sollte es uns einmal nach Frankreich verschlagen, auch dort das Geheimnis bewahren könnten, das zwar im Prinzip von allen gewusst, im Einzelfall aber niemandem offenbart werden durfte. Es sei denn, wir waren unter uns, wofür ja gegenwärtig ein Höheres Schulwesen mit dem Grundsatz der Geschlechtertrennung auch hinreichend gesorgt hatte.

Und welche Umschreibungen benutzten wir, wenn wir unter uns waren, wenn die »Öffentlichkeit« nicht gegeben, d.h. kein männlicher Mensch anwesend war? »Öffentlichkeit« war eigentlich ein Synonym für Männergesellschaft, auch viele Frauen zusammen bildeten keine. Wir unter uns bildeten etwas anderes, das ich heute, des zugrundeliegenden offenbaren Geheimnisses wegen, »Blutsgemeinschaft« nenne.

Natürlich wusste K., was Worte wie Menarche, Menses, Periode oder Menstruation bedeuteten, auch einen Ausdruck wie »monatliche Reinigung« konnte man noch irgendwo aufschnappen, aber gebräuchlich waren sie alle nicht. Wer sich bei der Turnlehrerin abmeldete, die aus guten Gründen über alle Monatszyklen der Klasse Buch führte – schließlich gab es genug Mädchen, die es vorzogen, den anderen zuzuschauen, statt ihren ungeschickten Körper am Barren demütigen zu lassen –, der sagte: »Ich habe meine Tage.« Oder vollends rätselhaft und nur unter uns durch die Beachtung des Tonfalls zu entschlüsseln: »Ich kann nicht...« Wurden solche scheuen oder kalkulierten Geständnisse allzu oft vorgetragen, dann fragte die Turnlehrerin, ob man denn in ärztlicher Behandlung sei, und verlangte wohl gar ein Attest. Zwar behaupteten einige Klassenkameradinnen, die sonst sehr nett waren, dass sie die ersten »ihrer« Tage sogar im Bett verbringen müssten, weil sich der Blutstrom, begleitet von Krämpfen, Brechreiz oder Migräneanfällen, nur bei der Suspendierung aller Alltagsfunktionen ergießen könne, aber K. fand die Kontrollmaßnahmen der Turnlehrerin trotzdem sehr angebracht. Denn sie war nicht damit einverstanden, was mit ihrem Körper passierte, und sie vermisste bei den Freundinnen die Bereitschaft, gleich ihr in den Naturkampf einzutreten.

So aussichtslos der Kampf war und so gewalttätig die Selbstdisziplinierungsmaßnahmen von K. auch erscheinen mögen, ich billige sie noch heute, wie sie jeder Vernünftige billigen müsste. Ja, hätte es jährliche und zwar rauschende Empfänge für alle Erstmenstruierenden beim Oberbürgermeister gegeben und K. wäre wie alle andern gesegnet und mit den besten Wünschen für ein glorioses Geschlechtsleben entlassen worden, ja, dann hätte die Sache einen andern Anstrich gehabt. So schien sie bloß unzeitgemäß, sinnlos und ziemlich lästig.

»Ich kann nicht…« – wem sollte denn diese Larmoyanz imponieren? Wohin führte denn dieser Rückzug ins vegetative Dasein einer Zimmerpflanze? »Ich kann nicht…« – Verdammt und zugenäht, K. war doch selbst schwer behindert durch das ungefüge Brett aus Papier und Watte zwischen ihren Oberschenkeln, ein Apparat, der durch forsches Gehen und passende Kleidung versteckt werden musste und erst am dritten, eigentlich erst am vierten Tag mit der Schere an beiden Enden radikal verkürzt und verkleinert werden durfte. Dann fiel natürlich der Bindengürtel weg, ein Gummiband mit Haken, das um die Hüften saß und das Monstrum mit blumigem Namen hinten und vorn festzurrte, und dann bestand natürlich Rutschgefahr, sodass der Rest der sinnlosen Flüssigkeit statt auf der hygienischen Vorrichtung im Schlüpfer endete, von wo sie dann im Handwaschverfahren – Blut muss immer kalt ausgewaschen werden, hatte die Mutter K. eingeschärft – entfernt werden musste. In unbewachten Augenblicken, es handelte sich ja um ein Geheimnis, und K. riegelte die Badezimmertür ab. Trotz dieser Unbequemlichkeit entschied sich K., sobald wie möglich, zuungunsten ihrer Unterhosen und zugunsten ihrer Lastexskihose oder ihres knallroten, hautengen Rocks aus Fahnenstoff. Ja, Fahnenstoff, denn Nazifahnen waren hauptsächlich rot und lange vor der Zeit vollständig knitterfrei! K. liebte diese beiden Kleidungsstücke, weil sie in ihnen träumen konnte, den Kindheitstraum, den sie als fanatische Turnkünstlerin oft genug verwirklicht hatte: Mein Körper, das bin ich. Vom Kopf bis zu den Füßen weiß ich, was ich will. Und damit sollte es je ein Ende haben?

K.s Körper gehorchte Gesetzen, zu denen sie nie ihre Zustimmung gegeben hatte. Alles Betrug. Sie war gewindelt. Im Lexikon stand: »Drei- bis viertägige Blutung im Rhythmus des Mondumlaufs von 28 Tagen, wobei das nichtbefruchtete Ei…« usw. oder so ähnlich. Was ging mich plötzlich der Mond an? Und außerdem: Es dauerte fünf Tage. Und vor allem: K.s Blutung erfolgte in einem Rhythmus von 23, wenn sie Pech hatte, von 22 Tagen, keineswegs in paradiesisch langen 28 Tagen, die das Lexikon versprach. Und das Wichtigste: Was heißt hier Blut? Vor Blut hat K. sich nie erschreckt, schon gar nicht vor ihrem eigenen. Jedes Kind wusste doch, dass eine Wunde, die man sich zugezogen hatte, sauberbluten musste. Tat sie es nicht, half man durch Drücken kräftig nach und schleckte den roten Überfluss dann auf. Die Gefahr kommt von außen, und das Blut eilt mir von innen zu Hilfe. Das verstand K. Aber das da? Das war kein Blut, das war eine fremde, ekelerregende Absonderung aus Schleim, braunroter Flüssigkeit und, wenn man genau hinsah, Gewebefetzen, die, besonders im Sommer, schnell den Geruch von faulem Fisch annahm.

Plötzlich war sie da, ohne Rücksicht auf Selbstkontrolle und Verantwortungsgefühl, auf die doch sonst tagaus, tagein der allergrößte Wert gelegt wurde. Einige ältere Mädchen hatten Überfälle erlebt, von denen K. sich nicht vorstellen konnte, wie es möglich gewesen war, sie zu überleben. Der Kern der Geschichte war immer derselbe: Man war in der »Öffentlichkeit« zu einem jeder noch so vorsichtigen Berechnung spottenden Zeitpunkt dagestanden oder dagesessen und hatte plötzlich gefühlt, wie es aus einem herauslief. Jemand war sogar beim Fluchtversuch durch den Hinweis auf einen Fleck im Rock aufgehalten worden; eine andere hatte stundenlang wie gelähmt auf ihrem Laken im Freibad gesessen, ehe ihr einfiel, wie sie sich retten konnte.

Und wie wurde der Einbruch der Barbarei in die Schulmädchen-Zivilisation uns schmackhaft oder wenigstens plausibel gemacht? Im Fall von K. musste der Hinweis auf die ganz normale, unvermeidliche Natürlichkeit der Vorgänge genügen. Eine gewisse Härte hatte das ja, dieser Verzicht der Mutter auf blumige Reden, aber auch Ratschläge und Vorschriften. Andererseits behielt K. so einen klaren, besser gesagt: leeren Kopf; denn das Argument mit der Natürlichkeit ist ja bloß eine Redensart, spiegelt eine Erklärung dort vor, wo es auf eine Stellungnahme ankam. War K. dafür oder dagegen? Unter der Last dieser Frage benahm sie sich jahrelang wie der erste Mensch, verrückt und roh gegen sich und andere. Ihre ältere Schwester war nicht dagegen, und vielleicht gab das bei K. den Ausschlag, in die entgegengesetzte Richtung zu stürmen; denn sie bemerkte nicht, dass die Nachgiebigkeit der Schwester ihr die Aneignung der sogenannten natürlichen Vorgänge erleichterte. Sie spionierte ihr nach und traf sie öfter auf dem Flur, eines jener schon beschriebenen Papierbretter im Ärmel oder unter der Jacke verbergend, wie sie ins Badezimmer huschte. Und der Blick durchs Schlüsselloch zeigte K., wie die Schwester mit mechanischer Sorgfalt den Bindenwechsel vornahm, wobei sie ein ganz wesenloses Gesicht machte.

K.s Forschungsarbeit blieb ihr nicht verborgen, aber wenn sie K. ertappte, dann schrie sie nicht: »Du Kröte! Schämst du dich nicht?« – sondern bekam Wasser in die Augen. Die Mutter musste ihr zu Hilfe eilen. K. sollte, zuerst leise, dann energischer dazu gebracht werden, das Klima stiller Betretenheit zu respektieren, auf das sich Schwester und Mutter geeinigt hatten. Man bat um Verständnis, Rücksichtnahme, vorgreifend schon um jene spezifisch weibliche Solidarität, die ich heute »Blutsgemeinschaft« nenne, mal sanft, mal drohend: »Das wird dir noch mal leidtun! Warte nur ab!« K. zog ab, noch war sie Sieger. Es hatte sie noch nicht erwischt.

K. fasste den Vorsatz, aufzupassen und sich schon eine einfache Schambehaarung von der Natur nicht gefallen zu lassen. Wozu denn, es ging doch auch ohne. Man stieg auf, wurde jedes Jahr versetzt, und K. hatte in der Regel das beste Zeugnis von allen Mädchen. Konnte man mit dem Verweis auf die »Kritischen Tage« eine vergleichbare Ehre einlegen? Oder war man wenigstens stolz und glücklich? Nicht einmal die Schwester war es, das Bilderbuchmädchen, das sich unentwegt über den Puppen dem Kinderkriegen entgegenträumte.

Im neunten Schuljahr war K.s Schlüpfer blutig. Sie besaß davon zum Glück einen großen Vorrat, denn die Schwester, inzwischen schon berufstätig, hatte sich wendigere zulegen können.

Es waren füllige Pumphosen aus Trikot, außen glänzend plattiert, innen flusig aufgeraut. Untenrum in Ordnung heißt untenrum warm bei Mädchen, aber auch die Ökonomie spielte eine Rolle. K. war nicht erschüttert, grundsätzlich war ihr alles klar, nur, für sie persönlich kam es nicht in Frage. Im Hosenzwickel trocknete das Blut, in Schichten und Streifen, bis es Schürfwunden verursachte. Dann knüllte K. dieses Exemplar zusammen und deponierte es hinter dem unerschöpflichen Stapel in ihrem Wäschefach. Und bis zum nächsten Mal bemühte sie sich, alles zu vergessen, einfach wegzudenken.

Als die Mutter den Haufen verdorbener Unterwäsche entdeckte, war sie wohl etwas ungnädig, wegen der Hosen, die man jetzt wegwerfen musste; denn sauber waren sie nicht mehr zu waschen, weil Blut, oder das, was man dazu erklärt, nicht bloß kalt, sondern auch sofort ausgespült werden musste. Aber richtig böse war sie nicht. Es schien K., als ob der Mutter ihr Trotz Eindruck machte. Die Abneigung gegen die überflüssigen monatlichen Kosten einer unzeitgemäßen Überspezialisierung des weiblichen Menschen (es gibt Säugetiere, die patenter verfahren) ist eben weitverbreitet. Nur unter bestimmten Umständen, die aber, was K. betrifft, in eine viel spätere Zeit fallen, verwandelt sich die Abneigung in helles Glück, dann nämlich, wenn eine seit Tagen sehnlichst herbeigewünschte, möglichst fette Blutspur die Erlösung signalisierte: Es ist nichts passiert. Doch ich greife vor.

Trotz der nun mütterlich verifizierten Menstruation gab K. den Kampf noch nicht auf. Sie benutzte nun zwar die steinzeitliche hygienische Apparatur, wenn es nötig war, und es war nötig, wie es normaler und natürlicher nicht hätte sein können, sie war ja kein Mutant, aber sie verstand jetzt nicht nur sich, sondern auch ihrer Mutter einen Kompromiss mit der Natur plausibel zu machen, der ihrem Bedürfnis nach Einmaligkeit Rechnung trug und die Kränkung ihrer Person durch die Naturgesetze abschwächte.

Ja, es war nicht länger zu bestreiten, K. hatte manchmal Blutungen. Aber waren die regulär und normal? Sie waren so seltsam selten, schwach, anders als bei andern. Das ging so eine Weile, bis die Mutter, Körpersinn hatte sie übergenug für ihre Kinder, auf einen Arztbesuch drang. Nein, erklärte K., zum Hausarzt gehe sie um keinen Preis; denn der hatte sie bei einer Kollektivuntersuchung vor zwei Jahren in Gegenwart ihrer Brüder verständnisinnigst angelächelt und gesagt: »So, wie es ist, wird es nicht bleiben, unser kleines Fräulein!« Und dabei hatte er sein Stethoskop auf den Brustkorb von K. gesetzt. Als Fachmann, nicht als Arzt, spekulierte er darauf, dass die Natur bald auch hier ihre in diesem Fall unerwünschten Knalleffekte produzieren würde. K. bestand also auf einer Ärztin. Und da saßen nun drei weibliche Menschen, von denen zwei den dritten dazu bringen wollten, sich ins Unvermeidliche zu fügen. Die Ärztin stellte ein Rezept aus und empfahl die aufbauende Kraft des Bircher-Müslis, das K. von nun an zum Frühstück haben sollte. Zum Trost gegen die Natur ein Müsli, ein Angebot, die Kränkung in Kränklichkeit zu verwandeln, sich in jenen Zustand diffusen Leidens zu versetzen, das dann mit Hausmittelchen, Idiosynkrasien, Tipps von Müttern, Tanten und Bekannten in einer Strategie der Selbstverwöhnung den weiblichen Menschen entschädigt, für das, was die Natur ... Aber das habe ich bereits gesagt.

K. zum Beispiel wusste noch gar nicht, was Kopfschmerzen sind, als die Biologielehrerin beim Thema »Der Mensch« plötzlich abschweifte, richtiger gesagt, persönlich wurde und uns erklärte, dass Kopfweh oder gar Migräne sich mittels Bohnenkaffee und Zitronensaft beseitigen ließen, weil Koffein und Vitamin C die Spasmen im Gehirn, für die man das Kopfweh eigentlich halten muss, entkrampfen könnten. Ich habe das Mittel nie ausprobiert, ich habe es aber ebenso wenig vergessen. Umsonst forschte ich in diesen Jahren nach etwas, das mir den Zugriff der Natur auf meinen Körper wenn schon nicht angenehm, dann doch erträglicher gemacht hätte. Man fügte sich, oder man war dagegen, und dieser Willensakt hatte den Preis, dass K. anfing zu denken und aufhörte, einen Körper zu haben.

Angstanfälle auf dem Stufenbarren bewogen sie, mit der Turnerei Schluss zu machen. Bald wusste sie gar nicht mehr, ob sie Bauchweh hatte, schwere Beine oder Kopfweh, Halsweh, Grippe wie alle andern. Neben einer phobischen Angst vor Ärzten, vor jeder Berührung, die sie nicht selbst, wie in der Liebe, vorbestimmt hatte, kam es auf lange Sicht nicht bloß zu etwas, das der naive Betrachter für eine robuste Konstitution hätte halten können, sondern zu einer Blutvergiftung. Holzsandalen, sommerliche Hitze, Straßendreck und jene Rücksichtslosigkeit, in der K. den Ausweg suchte, hatten zur Folge, dass K.s Fuß sich blaurot verfärbte, das Bein bis zum Knie anschwoll, das Gehen immer schwerer fiel, jede unvorhergesehene Berührung wie ein Blitz durch den ganzen Körper fuhr. Aus der Perspektive des Normalen war es bodenloser Leichtsinn, nicht im Bett zu bleiben, nicht zum Arzt zu gehen. Was objektiv gefährlich war, wurde für K. jedoch zum nachgeholten Triumph.

Er fiel in eine Zeit, wo aus der Schülerin das Erstsemester geworden war, das 400 Kilometer weit weg von zuhause endlich allein zur Untermiete wohnte. Niemand durfte mehr unversehens ins Zimmer stürzen oder mit familiärer Direktheit die Räumung des Badezimmers verlangen, vielleicht gerade dann, wenn K. sich entschlossen hatte, wieder einmal die kleine Selbstvergewaltigung zu trainieren, als die ihr die Einführung eines Tampons erschien. Diese amerikanische Erfindung aus dem Jahr 1933 hätte man sich zwar seit den Nachkriegsjahren, wie manches andere auch, zunutze machen können, aber K. wurde 21, ehe sie den ersten weiblichen Menschen traf, der es auch tat.

Von ihrer Existenz wusste sie allerdings sehr früh aus Anzeigen in den Illustrierten, die wöchentlich in einer Mappe gebündelt vom Boten des Lesezirkels *Daheim* bei uns abgeliefert wurden. Sie versprachen ganz allgemein ein Leben ohne Binde, nur wie das zugehen sollte, das verrieten sie nicht. Junge Frauen im Badeanzug oder in Shorts, mal allein am Meeresstrand, mal im Spiel mit einem strahlenden Kleinkind, sollten das Verlangen nach Freiheit so weit kitzeln, dass die Leserin den Coupon ausschnitt und als vorgefertigte Bitte um eine Informationsbroschüre mit Warenprobe in den Briefkasten warf. Und dann? Während die Prozedur des Windelns so natürlich ist, dass sie keiner erklärenden Worte bedarf, hielt sich die Firma, welche ein Leben ohne Binde verkaufte, auch noch einen Arzt, an den man sich bei Spezialfragen wenden konnte. K.s Versuche, die Anweisungen der Packungsbeilage in die Tat umzusetzen, zogen sich über Jahre hin. Immer wieder wurde die Schachtel mit den halbfingerlangen Röllchen entmutigt im Mülleimer versenkt, eine neue aber auch bald wieder gekauft, und das Training begann von vorn. Was hinderte sie so lange daran, das Ziel zu erreichen?

Zur Beantwortung dieser Frage muss ich den dogmatischen Satz illustrieren: Der weibliche Mensch, also K., konnte nicht wissen, dass er unten offen und außerdem innen hohl ist. Schematische Querschnitte durch den weiblichen Unterleib änderten nichts an der Vorstellung, dass man da unten so unstrukturiert sei wie ein Sumpf, aus dem ab und zu Sickerwasser tritt. Ein mürbes Gelände, das weiträumig umzäunt, aber nicht betreten werden konnte. Ohne dass ein Gesetz es vorschrieb – ein eindeutiges Verbot war damals schon einer katholischen Privatschule vorbehalten –, trugen Mädchen keine Hosen, es sei denn beim Sport (wo wir ja unter uns waren) oder in harten Wintern, wo die Skihose zweckentfremdet auch in die Schule wandern durfte. Hosen waren nicht unsittlich, diese ältere, moralische Methode weiblicher Körperbildung hatte kaum noch Anhänger; sie waren vielmehr unweiblich, schienen den Besonderheiten, gegebenenfalls Schönheiten des weiblichen Körpers nicht zu entsprechen. Ehe Gesundheits- und Fitnessideale anfingen, alle Körper, ob weiblich oder männlich, zu drangsalieren, hatte die Ästhetik ihre große Zeit als Ordnungsmacht.

An jeden Rock und jedes Kleid, das ihre Mutter nähte, legte K. das Zentimetermaß und prüfte, ob die Mindestweite von drei Metern, die sich dann über zwei gestärkte Petticoats ergießen würde, auch erreicht war. Die Stoffhaufen, die man mit sich herumtrug, verhüllten den genitalen Sumpf und setzten ihn auf appetitliche Weise zugleich fort. Dass das keine überspannte Interpretation ist, beweist die Erfahrung. Ein zipfelweise vorscheinender Unterrock z.B. mobilisierte nicht nur Hilfsaktionen der »Blutsgemeinschaft«, sondern veranlasste die (männliche) »Öffentlichkeit« zu lüstern-frechen Kommentaren. Man sagte: »Es blitzt« – so, als ob das Vorscheinen des Petticoats tatsächlich das weibliche Genitale obszön entblößt hätte.

So viel zur Begründung des Röcketragens. Direkt gegen das Hosentragen schien das Wuchern des Fleisches zu sprechen. Runde Hüften und weiche Oberschenkel waren zwar natürlich, mussten aber auch, nach den Maßstäben einer Ästhetik, welche die Frauen an eine strenge Kandare nahm, versteckt und mit vorteilhafter Kleidung übertuscht werden. K. brauchte Jahrzehnte, um zu erkennen, dass viele Männer in Hosen mindestens ebenso komisch aussehen wie ein fleischlich prosperierender Backfisch.

Doch zurück zum Ausgangspunkt. War K. zufrieden, als es ihr endlich gelang, den genitalen Sumpf durch die schmerzfreie Einlagerung eines Fremdkörpers im Körperhohlraum trocken zu legen? Ein Tampon hat das Format eines Lippenstiftes. Lagerungs- und Transportprobleme gibt es also nicht, eine Reserve ist leicht im Portemonnaie unterzubringen. Entfernte man den blutgetränkten Pfropf durch einfachen Zug am blauen Faden, gab es auch keine Probleme mit der Beseitigung. Keine Papiertüten, keine Blecheimer, Missachtung des internationalen Kodex zur Verhinderung von Rohrverstopfungen. Das war der Fortschritt. Und wie ging es weiter?

K. betrat mit anderen Kommilitonen, man war in der Regel per Sie, die Behausung einer Soziologiestudentin. Auf dem Tisch, um den wir uns zur Beratung eines Referats versammeln sollten, stand unübersehbar die Schachtel in den klassischen Sanitärfarben Blau und Weiß. Bis heute, aber das nur nebenbei, hat sich keine Firma zu Rot und Schwarz, die eigentlich angebracht wären, entschlossen. K. war erschüttert, selbstverständlich lautlos, denn jede Geste und jedes Wort wäre in der »Öffentlichkeit« peinlich gewesen. Konnte man die Nachlässigkeit der Kommilitonin – die Soziologen waren ja immer weit vorn – als Ausdruck einer Unbefangenheit verstehen, die endlich Schluss machte mit der Geheimniskrämerei um Vorgänge, die nun doch mal zum Leben dazugehörten? Oder war die Offenlegung des Geheimnisses ein Akt des emanzipativen Zynismus: Ich blute, aber das hat nichts zu bedeuten?

Jetzt könnte ich wieder von vorn anfangen. Die Natur ist doof und sagt immer noch kein Wort. Die Politik beruhigt. Nur auf die Technik ist Verlass! [...]

Der Text erschien im März 1984 in der Nr. 424 des *Merkur*.

Guter Ton bei schlechter Klassenlage
*Was der Verfall der guten Sitten seit den Fünfzigern
wirklich zu bedeuten hat*

Manchmal hat ernste Wissenschaft doch auch ihr Gutes. Sie beweist dann mit beinharten Fakten, was ich mir sowieso schon, aufgrund schmerzhafter Erfahrung und entsprechend mühsamer Reflexion so ungefähr gedacht habe. Die Fünfziger Jahre waren furchtbar. Jeder, der seine Kindheit und Schulzeit in jenem Jahrzehnt durchmachen musste, wird mir Recht geben.

Es gab in jener zweiten Nachkriegszeit einen ausgesprochenen Boom in der Sparte »Benimmbücher«. Zwischen 1950 und 1960 erschienen neu oder als den veränderten Zeitläuften angepasste Bearbeitung älterer Werke 128 dieser bourgeoisen Postillen, für die man vielleicht eine spezielle Gattung definieren sollte. Ich denke in die Richtung »Gesellschaftsschmalz« oder »Sozialpornographie«… Auch in der ersten Nachkriegszeit waren auffällig viele dieser reaktionär aufreizenden Schriften auf dem Markt, nämlich zwischen 1920 und 1930 ziemlich genau 148.[1] Was bedeutet das? Gab es tatsächlich so großen Bedarf an richtigem Benehmen, feinem Takt und gutem Ton? Zum Verwundern wäre es ja nicht. Vielleicht wollten jene, die meine Mutter, ein 19-jähriges Tippfräulein, im Jahr 1933 denunziert hatten, jetzt endlich lernen, wie man sich Bürokollegen gegenüber benimmt? Noch dazu, wenn sie weiblich und daher in der gesellschaftlichen Rangordnung per se oben stehen und – das klingt zwar paradox, ist aber logisch – daher besonders hilfsbedürftig sein/scheinen müssen. Nämlich so:

> *»Im Verkehr mit Kollegen hält man sich mit Vorteil von allen Intrigen und Komplotten, aber auch von allzu ausgeprägter Ver-*

traulichkeit fern ... Kollegial und freundlich muss man zu allen Mitarbeiterinnen und Mitarbeitern sein. Als Mann wird man einer Kollegin gegenüber besondere Zurückhaltung walten lassen, denn trotz Emanzipation und Gleichberechtigung ist und bleibt sie – Frau, die zu Beschützende.«[2]

Konnte man so oder ähnlich überall nachlesen, hätte man auch in den Goldenen Zwanzigern schon zur Kenntnis nehmen können, hat man vielleicht sogar, nur, meiner Mutter hat es nichts genützt. Als sie wenige Tage später wieder an ihren Arbeitsplatz zurückkehren durfte, zeigte sie sich von der kollegialen Indiskretion und dem völligen Versagen aller männlichen Beschützerinstinkte dermaßen schockiert, dass sie, für alle Zukunft, nicht nur jedes politische Engagement ablehnte, sondern sogar jeder verwendbaren Meinungsäußerung abschwor. Und so kam es, dass ich, trotz schärfster Nachfrage, nicht herausbekommen konnte, welche Partei sie eigentlich wählte. Erst in den Sechzigern, als Wehners Strategie der Volkspartei ihren Leuten zum Erfolg verhalf, taute sie allmählich wieder auf. Keine Angst, ich werde nicht sentimental; bloß so melodramatisch, wie es unbedingt nötig ist.

Ich weiß natürlich, dass meine Mutter nicht klagen kann, hat sie übrigens auch nie getan, schon um sich keine Blöße zu geben, die der Feind erspähen könnte. Denn es gab zwischen 1933 und 1945 Personenkreise, zu denen selbstverständlich Damen gehörten, auch Damen mit Kleinkindern, Damen guter Hoffnung, auch Damen, die unpässlich waren, und die, viel mehr als meine Mutter, unter der Missachtung der Regeln des guten Benehmens zu leiden hatten, Damen, denen gegenüber man es völlig an Takt und höflicher Rücksichtnahme hat fehlen lassen. Mord und Totschlag nicht ausgeschlossen. Dabei – so meint der adlige Verfasser eines seit den zwanziger Jahren ununterbrochen den politischen Wandlungen hinterherlaufenden und neu aufgelegten Benimmbuches, dabei gibt es doch Dinge, die so sonnenklar sind, dass es schon langweilig wird, über sie noch zu reden:

> *»Eine Frau sein heißt, im Gegensatz zum Mann, etwas empfindlich und wehrlos sein. Alle paar Wochen ist sie tagelang schonungsbedürftig und nicht im Vollbesitz ihrer Leistungskraft, auch die gesunde Frau. Es gibt oft Ehemänner, die nicht daran denken. Dass die Frau in den Zeiten, in denen sie ein Kind erwartet oder ein Kind nährt, besonderen Anspruch auf die Rücksichtnahme ihres Mannes hat, sollte so selbstverständlich sein, dass man es nicht zu erwähnen braucht.«*[3]

Und warum tut es der Herr von Weissenfeld dann trotzdem in seinem unverwüstlichen *Modernen Knigge*? Etwa, weil ihm Fälle wie der meiner Mutter auch noch 13 oder 14 Jahre nach Kriegsende (der zweite verlorene Krieg ist gemeint) so deutlich vor Augen stehen? Meiner Mutter nämlich passierte es, dass der zur selbstverständlichen Rücksicht und Fürsorge verpflichtete Ehemann während ihrer dritten Schwangerschaft kriegsbedingt abwesend, der stellvertretend sorgende Parteimann untergetaucht war und sie also die Bekanntschaft mit den französischen Kolonialsoldaten, welche auf Hühnerjagd geschickt worden waren, selber machen musste. Nun weiß jeder, der ein Benimmbuch studiert hat, dass es ein Ding der Unmöglichkeit ist, Damen und Herren ohne Vermittlung eines oder einer Dritten aufeinander loszulassen! Aber:

> *»Auch Damen können in die Verlegenheit kommen, sich selbst vorstellen zu müssen. Sie tun dies (außer im Geschäftsleben) nur anderen weiblichen Wesen gegenüber.«*[4]

Fällt die Okkupation unter »Geschäftsleben«? Ich weiß es nicht. Ich weiß auch nicht, obwohl ich dabei war, wie meine Mutter sich damals aus der Affäre gezogen hat. Vielleicht hat sie die heimwehkranke Kinderliebe auch des schwärzesten Marokkaners aller Probleme enthoben? Anders gesagt: Meine Mutter – wer will es ihr verübeln? – hält überhaupt nichts von gutem Benehmen. Sie beansprucht Respekt und meint damit eigentlich jene angstgetönte Zurückhaltung bei anderen Leuten, welche ihr die

Kontrolle der Situation überlässt. Wenn es darauf ankommt, sagt sie schon lange wieder ihre Meinung, und zwar so klar, so unbesänftigt von jeder guten Erziehung, dass die Scheiben klirren. Erklärend fügt sie aber auch hinzu, und das klingt fast wie eine Entschuldigung: »Ich sage, was ich denke.« Und zu mir: »Diese Leute kenne ich. Vornherum scheißfreundlich, aber dann kein Verlass, und Schlimmeres.«

Doch zurück zur kühlen Wissenschaft. Wie erklärt sie uns denn nun den Boom an Benimmbüchern in der ersten und zweiten Nachkriegszeit? »Nach der ersten Umbruchsituation des verlorenen Ersten Weltkrieges verfestigte sich eine neue ›maßgebende gute Gesellschaft‹ ... Die sich formierende Macht- und Schichtstruktur der Bundesrepublik erzeugt eine neue ›gute Gesellschaft‹ spezifischen Typs, in der sich wiederum ein spezifisches Norm- und Sanktionsspektrum entwickelt ...«[5] Ja, Pfeifendeckel! Gute Gesellschaft, und zweimal soll sie »neu« geworden sein? Es hat immer nur eine gute Gesellschaft gegeben, eine, die sich mit Zähnen und Klauen an das geklammert hat, was ihr allein zu gehören schien, eine, die auch vor der Anwendung schmutziger Tricks nie zurückschreckte. Ich denke da an Allgemeinbildung, Kurkonzerte, sonntags freien Eintritt oder halbe Preise sowie die Tanzstunde. 1957, als die für mich akut wurde, gab es zwar kein Dreiklassenwahlrecht mehr, wohl aber ein auf schärfste Klassentrennung geeichtes Tanzschulensystem. Die Oberschüler besuchten die feinste, die Mittelschüler eben die mittlere, und die Lehrlinge, die Sicherheit auf dem Parkett erwerben wollten, die waren praktisch auf Notkurse verwiesen, welche die Angestelltengewerkschaft in ihren Schulungsräumen veranstaltete ... Meine Mutter führte mich diesem System nicht zu, eher wegen der steten Geldsorgen als aus Klassenbewusstsein, und ich hatte meinen ersten gesellschaftlichen Minderwertigkeitskomplex zu benagen. Anderseits war die avantgardistische Jugend damals gerade dabei, die feinen Unterschiede zwischen Foxtrott, Slowfox, Rumba, Samba, Mambo usw. zugunsten des allein wichtigen von Rock and Roll auf der einen und Blues auf der andern zu vergessen. Das waren Kenntnisse, die man gerade in der Oberklassentanzschule nicht erwerben konnte. Der für die Soziologen so interessante »soziale Wandel« nahm seinen Anfang auf ziemlich schmuddeligen Tanzböden mit so romantischen Namen wie »Rosengarten«, aber auch bei Tanztees, welche sozialdemokratisch infiltrierte Jugendbehörden in Freizeitheimen veranstalteten, welche ihrerseits auf Bestrebungen fortschrittlicher Kommunen in den Zwanziger Jahren zurückgriffen... Kurzum, dort war ich anzutreffen und beteiligte mich direkt, wenn auch unwissentlich, an der Kritik der guten Umgangsformen und damit der Zerstörung der guten Gesellschaft. Sie sollte doch nie wieder so stark werden, dass sie es wagen konnte, unseren sozialdemokratischen Reichspräsidenten der Lächerlichkeit preiszugeben, nur weil der an einem Sommertag zusammen mit Gustav Noske baden ging! War das die »neue, maßgebende Gesellschaft«, die da so höhnisch lachte, weil sich jemand nicht an ihre Kleiderordnung gehalten hatte? Nein, natürlich nicht, es war damals schon die alte, gar nicht gute. Ich kann nur sagen, wehret den Anfängen. Jede Abiturfeier ist abzulehnen, bei der Jeans und Turnschuhe verboten sind, festliche Kleidung hingegen erwünscht ist.

> *»Hüte, Kappen und Mützchen – was wäre Eva ohne Hut! Wovon könnte sie schwärmen, wenn nicht von einem neuen ›Gedicht‹? ... Hüte machen neue und andere Gesichter. Ein anderer Hut, und schon wird aus der sportbetonten Berufstätigen – die distinguierte Frau. Die nüchtern wägende Amtsgerichtsrätin wird zur kapriziösen Salondame, und die schlichte Hausfrau offenbart plötzlich Züge von reizvoller Koketterie.«*[6]

Da heute sogar die Gattin des Bundespräsidenten sich ohne Hut in der Öffentlichkeit zeigt, merkt wohl jetzt jeder, dass der eben zitierte Versuch (wie viele andere auch), uns in die gesellschaftliche Steinzeit zurückzuordnen, wo sie das Sagen und wir die

Unsicherheit hatten, damals gründlich gescheitert ist. Dass mit den Hüten auch noch eine ganze Gattung dummer Witze über Frauen obsolet geworden ist, die Frauen überhaupt ohne Hüte gescheiter werden konnten, das ist ein schöner Nebeneffekt der kaputten Kleiderordnung. Wohlgemerkt, ich habe gegen Hüte und Verkleidungen jeder Art nichts einzuwenden. Seinerzeit hat ein großer schwarzer Herrenhut in Verbindung mit einem schwarzgrauen Poncho und engen schwarzen Hosen an meiner Person einen enormen Effekt gemacht. Aber hätte mir jemand gesagt: »Es gehört sich, dass …« oder »Es sieht doch viel netter aus, wenn …« oder »Man vergibt sich doch nichts mit …« – ja, dann hätte, wie ein Reflex, der Trotz eingesetzt, und aus Sorge um meine eigene Integrität, aber auch aus politischer Überzeugung hätte ich das grade Gegenteil gemacht. Man musste nicht nur auf der Hut sein, in den furchtbaren Fünfzigern, nein, und das machte sie so schrecklich anstrengend, man musste von morgens bis abends dagegen sein. Nicht bloß auf extra angesetzten Demonstrationen und Kundgebungen, auch auf dem Spielplatz, in der Schule, im Verein, auf der Straße und natürlich außerdem – aber das hatte die mehr bekannten und allgemein verbreiteten Ursachen – auch zuhause. War ich z.B. irgendwo eingeladen, dann blieb ich nach Tisch, wie alle anderen männlichen Gäste, sitzen und missachtete gröblichst die weibliche Sitte, der Hausfrau beim Abräumen zur Hand zu gehen. Ich versuchte, möglichst unbefangen zu plaudern, musste mich aber, vielleicht nicht physisch, aber bestimmt psychisch, mit beiden Händen am Stuhl festhalten, ein weiblicher Odysseus, der den Lockungen der Sirenen, welche Liebe und Beliebtheit versprachen, im Dienste höherer Aufgaben (Emanzipation) widersteht.

Ich behaupte also, dass bislang jede Konjunktur in gutem Ton etwas mit der schlechten Klassenlage der Bourgeoisie zu tun gehabt hat, die nach zwei verlorenen Kriegen und jeder Menge abscheulich schlechten Benehmens ihre Felle davonschwimmen sah und nun zum Sammeln blasen musste; und nicht umgekehrt, dass Leute, die vorher als Grottenolme im Dunkel auf feines Benehmen verzichten konnten, aber jetzt, vom Wirtschaftswunder aufgescheucht, mobil und aufstiegsorientiert eine ungeheure Nachfrage nach Techniken des Handkusses, des Spargelessens, nach Kenntnissen der diplomatischen und bürgerlichen Tischordnung, der Gruß- und Anredezeremoniale in Gang setzten. Nein, nein, so war es nicht, und jene Bücher, die sich so gern als Ratgeber und hilfreiche Freunde gerierten, sind Werkzeuge der Mission für eine Gesellschaft, die gute, der die Gläubigen auszugehen drohten. [...]

Nun ist dieses Projekt der Nachkriegszeit, seien wir doch ein bisschen dankbar, schneller gescheitert, als damals zu vermuten war, wo Kinder nicht nur im Chor sangen, sondern auch beten und grüßen mussten. Statt dass man »Höflichkeit und Manieren als Ausdruck eines geläuterten Denkens«[7] gratis zelebrierte, hat man das, was in der »Manageretikette« davon übriggeblieben ist, radikal kapitalisiert:

> *»Wollen Sie beruflich vorwärtskommen, mehr verkaufen, persönlich oder für Ihr Geschäft guten Eindruck erwecken, Freunde gewinnen, Macht erobern, sich wählen lassen, Menschen beeindrucken, vor sich selber gut dastehen? Dann denken Sie, dass Umgangsformen dazugehören; sie sind ein Teil des Lebenserfolges!«*[8]

Das hat, im Jahr 1968, doch wenigstens den Charme des Krassen und Wahren und erspart Menschen ohne gute Erziehung, wie z.B. mir, den Realität verdunkelnden Hirnschwurbel, dessen Opfer ich sooft geworden bin, wenn jemand mich jemandem vorstellte, einen Platz für mich räumte, die Tür aufriss und, auch das ist dreimal passiert, gar einen Handkuss auf mich applizierte! Nein, schöner waren die Handküsse, welche eine Freundin begeistert und unvorschriftsmäßig auf meinen, wie sie sagte »krakelierten« Handrücken drückte. Damit bin ich bei meiner *tour d'horizon* des guten Tons im Hippiezeitalter angekommen:

> »*Statt Benimmregeln aufzubauen, gilt es, Unsicherheiten im Verhalten gegenüber den anderen abzubauen. Sicherheit im sozialen Umgang – mit wem auch immer –, das ist heute ›richtiges Benehmen‹.*«[9]

[...] Der eine oder die andere werden mit mir sehr unzufrieden sein. Ich habe beobachtet, dass Leute, die man aus Gründen der praktischen Kürze einfach als »links« bezeichnet, ein ganz sentimentales Verhältnis zu bürgerlichen Umgangsformen haben, denen sie gern die Aureole des »Utopischen« zuschreiben. Rücksichtnahme, Zartgefühl und Herzenstakt, wäre das nicht prima? Ja, Pfeifendeckel! Macht euch kundig, das ist eine teure Sentimentalität. Die bürgerlichen Umgangsformen, so, wie sie mir in den Benimmbüchern fasslich dargeboten werden und wie ich sie in den Fünfzigern auch in praxi erlebt habe, operieren mit zwei Modi: dem Ausschluss und der binären Kodifikation. Man kann diese Umgangsformen nicht haben, ohne diesen Preis zu bezahlen. Zum Ausschluss gibt es nicht viel zu sagen. Schon Horaz hat – wiewohl für seine Neigung zum einfachen Leben berühmt – ein Leben ohne mehrere Dienstboten für ein Ding der Unmöglichkeit erklärt. Die binäre Kodifikation zu untersuchen ist, nach der Absorption der Arbeitskraft in Handel und Industrie, lohnender. Den guten Ton beherrscht jeder, der oben/unten, jung/alt, männlich/weiblich, verheiratet/unverheiratet unterscheiden kann und mit dieser Reduktion von Weltkomplexität zufrieden ist. Im Grunde ist das System, das alle, die man nicht von klein auf mit seinen Finessen bekannt gemacht hat, so einschüchtern und verwirren kann, also leicht zu durchschauen. Und wer hat von dem ganzen Firlefanz profitiert? Die einen mehr, die andern gar nicht. Zum Schluss noch ein Beispiel, das die gesellschaftliche Privilegierung der Frau, pardon: der Dame! ins gehörige Zwielicht rückt:

> »*Nachdem der Herr seiner Dame die Tür aufgehalten hat, lässt er ihr nicht den Vortritt, sondern geht voran. Er tut dies aus zweierlei*

Gründen. Einmal ist er – auch bei getrennter Kasse! – der Gastgeber ... Zweitens richten sich erfahrungsgemäß aller Augen auf neueintretende Damen. Der Herr schirmt also seine Begleiterin dadurch ab, dass er vorangeht ... Wenn es ans Zahlen geht, wird der Ober dem Herrn die zusammengefaltete Rechnung auf einem Teller überreichen. Der Herr überprüft, ob die Summe stimmt. Er tut das so, dass seine Dame nicht mitlesen kann ... Der Herr zahlt ... Der Herr zahlt auch dann, wenn getrennte Kasse vereinbart wurde. Seine Dame gibt ihm später ihren Anteil. Es kann ja auch sein – im Zeitalter der Gleichberechtigung kommt es sogar häufig vor, dass die Dame den Herrn eingeladen hat, also die gesamte Rechnung trägt. Sie tut dies dann ebenfalls nach dem Lokalbesuch ...«[10]

War das peinlich! Nun, das ist vorbei, wenigstens das.

Nachweise:
1. Horst-Volker Krumrey, *Entwicklungsstrukturen von Verhaltensstandarden*, Diss. Hannover 1982. Jetzt auch Frankfurt (Suhrkamp) 1984
2. Fred Sigg, *Das Goldene Buch des Anstandes*, Zürich 1963
3. Kurt von Weissenfeld, *Der moderne Knigge*, 37. durchgesehene Auflage, Berlin 1955
4. Karlheinz Graudenz/Erica von Pappritz, *Das Buch der Etikette*, Marbach 1956
5. Krumrey, a.a.O.
6. Graudenz/Pappritz, a.a.O.
7. Annemarie Weber, *Hausbuch des guten Tons*, Darmstadt 1955
8. Gottfried Weilenmann, *Manageretikette*, Bad Wörishofen 1968
9. Gerd Hennenhofer/Hans-Uwe Jaensch, *Knigge 2000*, Köln 1974
10. Bob Baron von Wittken-Jungnik, *Das Buch der guten Umgangsformen*, Stuttgart-Hamburg 1968

Der Text erschien 1985 in der Nr. 23 des *Freibeuter*.

So sind Jungs – Magazine nur für ihn
Unsere Presse. Neue Folge

Während wir schon 13-jährige Schülerinnen als Frauen definieren, sind auf der Gegenseite die sogenannten Männer fast ausgestorben. Von Herren spricht ja sowieso keiner mehr – doch wird dieser Verlust durch den Untergang der Damen wenigstens ausgeglichen, wohingegen frau sich manchmal fragt, wie der da sich von selbst verstehen will, wenn er nicht mal weiß, wie er von sich sprechen soll. Wer hat schon jemand außerhalb einer Selbsterfahrungsgruppe eine Rede mit den Worten »Ich als Mann« oder gar »Wir Männer« einleiten hören? Uns dagegen geht der entsprechende Ausdruck leicht und hilfreich von den Lippen und garantiert uns eine schöne Basisidentität. Die Umstände, unter denen auch heute noch von Männern explizit die Rede ist, sind teils bedenklich, teils sehr speziell. Im krassen Gegensatz zu unserer Selbsterforschungs- und Plappersucht steht das Bemühen der Gegenseite, jede Selbstreflexivität zu vermeiden und stattdessen – nun, zum Beispiel das Auto mit einer Zentralverriegelung nachzurüsten, die bei einem Viertürer nicht gerade nötig, aber doch irgendwie möglich und daher praktisch sein soll. »Wer mit Schraubenschlüssel und Bohrmaschine umgehen kann, baut die Zentralverriegelung leicht an einem Tag ein ... In die Türen kommen kleine Elektromotoren, die durch ein Gestänge mit der Schlossverriegelung verbunden werden. Und der elektrische Anschluss ist ebenso problemlos gemacht. Wer es dann noch eine Stufe bequemer will, kann die Anlage um eine Infrarot-Fernbedienung erweitern, dann öffnen alle Schlösser sich ringsherum per Knopfdruck.« (*Auto-Bild*) Natürlich werden nur wenige Leser für ein paar hundert Mark den Schlossbausatz kaufen und zur Tat schreiten. Die Frage bleibt aber: Was sind das für Wesen, welche die Erzählung über die Zentralverriegelung als ein informatives Schmeckewöhlerchen zu genießen wissen?

Ohne Zweifel gehört ja der Traum von der Zentralverriegelung mit Infrarot-Fernbedienung nicht in unsere Welt, auch wenn wir später das Knöpfchen mitbenutzen können. Trotzdem ist von Männern als den Träumern nie die Rede, nur von Autos, Hi-Fi-Anlagen, Computern, Fußball, Bodybuilding und Surfen. Eine Ausnahme von dieser Regel bildet das Heimwerker-Magazin *Selbst ist der Mann* aus erklärlichen Gründen. Der Haus- und Wohnungskult, der dort gepflegt wird, setzt nicht nur die entsprechenden Räumlichkeiten – zumindest einen Hobbykeller, Platz für Werkbank und Maschinchen voraus, sondern vor allem soziale Beziehungen, Frau, Familie, Kinder, Verwandte, Freunde und dergleichen in hinreichender Zahl. Wie soll sonst ein Grillwagen in Funktion treten? Ein Gartenpavillon? Ein Hoch- und Spielbett? Der Heimwerker braucht ein Heim als Hintergrund, vor dem seine Obsession weniger deutlich zu erkennen ist als die der andern. Das befremdlich Selbstzweckhafte seines rastlosen Bau- und Bastelbetriebs wird man dennoch nicht übersehen. Warum muss ein Abstell- und Ankleideraum durch den Einbau von Schiebetüren einer »Verjüngungskur« unterzogen werden? Wer glaubt, dass man Kindern ein »Paradies zum Klönen, Klettern und Kuscheln« bauen kann? Vielleicht ist das der spezifische Irrtum des Heimwerkers, dass er davon überzeugt ist, Paradiese würden immer gebaut und auch er hätte die Möglichkeit dazu. Nach allem, was man weiß, ist aber das Paradies ein Waldstück mit freilaufenden Tieren und Menschen, die ebenso unschuldig sind wie sie. Dass man dorthin unter Verwendung eines »Winkelschleifers« gelangt, »mit 700 Watt um die Ecke«, »mit 10 000 Umdrehungen pro Minute frisst sich die Scheibe ins Stahlrohr«, »Winkelschleifer trennen, schleifen, polieren und entrosten einfach alles und jeden« und so weiter – davon hat man noch wenig gehört...

Einmal von der Kombination mit dem Winkelschleifer und verwandten Geräten abgesehen, gibt es Männer noch zusammen mit Mädchen; eigentlich eine Spezies, die es für uns Frauen schon lange nicht mehr, allenfalls noch als Kategorie für Hilfsbedürftige und Missbrauchte gibt, seit nämlich eine Pionierin vor vielen Jahren den Nachweis erbracht hat: »Mädchen werden nicht geboren«, sondern in diese mediokre Seinsweise hineingeschüchtert oder hineinkomplementiert. Männer mit Mädchen sind also im *Playboy* und artverwandten Magazinen nicht Väter mit ihren unemanzipierten Töchtern, sondern Männer vor dem sexuellen Dessert. Vielleicht, weil die Leser mit spezielleren Interessen inzwischen richtige Pornographie kaufen, vielleicht aber auch aus anderen Gründen ist der Stellenwert der Sexualität für die unkundige Leserin überraschend niedrig, entspricht wirklich dem des Desserts nach einem Essen mit vielen Gängen. Das geschieht unter der bekannten Devise »Alles, was Männern Spaß macht«, die in meinen Ohren ebenso ungeschickt klingt wie die Zusammenstellung von Männern mit Mädchen. Richtiger schiene die Formulierung »Männer machen Späße«; denn nach wie vor definieren sich Männer über das, was sie machen, nicht darüber, dass sie sich einem Vergnügen einfach so hingeben und es dabei dann bewenden lassen. Die Versöhnung von herkömmlichen Männlichkeitsvorstellungen mit den Geboten des Freizeitlebens und des Konsums deutet sich in einem Begriff wie »Fanatic Fun Culture« an, den ich im *Surf-Magazin* gefunden habe. Wer sich wenigstens fanatisch um Spaß in einer der zahlreichen neuen Sportarten bemüht, braucht sich nicht davor zu fürchten, in Passivität zu versinken und Schaden an seiner Männlichkeit zu nehmen. Wer allerdings als desinteressierter Nichtsportler mehrere Magazine für die verschiedenen neuen Sportarten durchgeht, wird jedoch skeptisch, was den Erfolg dieses Bemühens betrifft. Der monotone, geradezu zwanghafte Eindruck, den die Aktivitäten erwecken, rührt wohl kaum von der überall wiederkehrenden Reklame für die diätetischen Nährmittel, vornehmlich für Spezialgetränke, die die Aktivisten noch weiter aufbauen sollen. Es ist, als ob man dem Drehen einer Endlosschraube zusieht: Gearbeitet wird nicht bloß an der Erhöhung des Risikos, denn da gibt es Grenzen, sondern vor allem an seiner Diversifikation mit immer neuen Kombinationen von Männern mit Apparaten und Regeln.

Zum Beispiel das Wellenreiten. Wer dabei noch an die Beachboys denkt, die hedonistische Mixtur von Wasser, Ferien, Jugend und Flirt, täuscht sich sehr. Surfen wird gelehrt und gelernt; es gibt eine Bretterkunde und jede Menge weiteres Fachwissen über Schutzkleidung und die über die Erde verstreuten Surfregionen mit ihren Vor- und Nachteilen. In der Brandung von Hawaii bewährt sich der Profisurfer wie der Bergsteiger am Mount Everest. Der Welt bester Surfer ist ein gewisser Robby Naish, von dem das *Surf-Magazin* nach Art des »Playmate of the Month« eine ausklappbare Bildtafel liefert. Am bezeichnendsten für die endlose Diversifikation von Risiko und Apparat ist die Surffotografie, teils vom Hubschrauber, teils vom Surfbrett aus, auf dem der Fotograf seinen Surfstar bei seinen für beide gefährlichen Manövern begleitet: »Ein simpler Sprung juckt keinen mehr. Wer seine Fotos gedruckt sehen will, muss Akrobatik zeigen.« Warum ist das Surfen so fotogen? Überdeutlich zeigen die besten Bilder das phallische *bravado* des jungen Mannes unter dem Gebot: »Und fürchte dich nicht!« Beim Hockey oder Tontaubenschießen, von anderen Hobbies wie Modellbau oder Briefmarkensammeln schon gar abgesehen, kommen solche Bilder nicht zustande.

Von der Meinung, dass das Surfen wie etwa auch das Bodybuilding exquisit männliche Leidenschaften sind, bringen mich auch die paar Frauen nicht ab, die dort mitmachen. Nur in einer Männerwelt dürfen Frauen alles tun – was auch Männer machen. Das ist der Universalismus, wie wir ihn kennen: Er hat die Tendenz, uns zu ignorieren. Das bleibt bedenklich, auch wenn wir nicht viel zu sagen oder gar zu verlieren gehabt hätten. Unser Misstrauen sollte sich an die Faustregel halten: Gerade dort, wo Männer nicht als Männer, sondern als über- und allgemeingeschlechtliche Wesen in Erscheinung treten, ist ihre Macht vollkommen.

Das Umgekehrte gilt aber auch. Nachsicht ist angesagt, wo täuschend krass die weibliche Unterwerfung unter den männlichen Blick inszeniert wird. Das rechnet sich nicht gegen die Energien, die man nach dem Betrachten einiger Automagazine ahnt und deren Destruktivität sehr viel eindeutiger und eindrucksvoller nachzuweisen ist als altmodische, sozusagen handgemachte Gewalt von Männern. Unsere ganze Sympathie gehört vollends den Softporno-Lifestyle-Magazinen, die sich ja nur deshalb so deutlich und ausschließlich an Männer wenden, weil sie umerziehen wollen, zu Nichtstun in schöner Umgebung, zum Genuss differenzierter Konsumgüter, zur Selbstzufriedenheit, zu einem gewissen Maß an Passivität und Friedfertigkeit, die nolens volens damit einhergeht. Wenn Männer vor Seide, Feuchtigkeitslotion und Parfüm nicht mehr zurückschrecken; wenn sie den Einkaufsbummel als Spaziergang im Schlaraffenland und nicht als zielgerichtete Aktion begreifen; wenn sie schließlich allesamt statt eines Spinds mindestens zwei Kleiderschränke brauchen, dann, ja, dann brechen entweder spätrömische Zustände aus oder alle uns drohenden Katastrophen können vorerst abgesagt werden – samt jenen aufwendigen Gegenmaßnahmen, die vor die versprochene Rettung ja immer erst einmal neuen Lärm, neue Unruhe und noch mehr zukunftsweisende Technologien setzen. […]

Natürlich kann eine Untersuchung an Zeitschriften, die in Berlin-Mitte und Berlin-Lichtenrade von Männern gekauft werden, strengeren Ansprüchen an eine repräsentative Auswahl und eine ausgeglichene vorurteilslose Interpretation nicht genügen. Das wäre auch zu viel verlangt. Schließlich musste mein (selbst-)kritisches Bewusstsein über Analysen »Zum Frauenbild der Illustrierten« oder zu »Praktiken der Massenkonsumwerbung« in Zeiten erwachen, wo Emanzipation und Konsumkritik zwei Worte für dieselbe Sache schienen – jedenfalls in lebenspraktischer Hinsicht. Und heute, nach dem Blick in die illustrierte Männerseele mit ihrem teils albernen, teils beunruhigenden Interieur muss ich erkennen, dass unsere Verfehlungen – Stichwort: Weiblichkeitswahn und vergeblicher Kampf dagegen – absolut harmlos waren. Wem, außer uns selbst, haben wir je geschadet? Allenfalls könnte man uns den Gebrauch von Haarspray auf FCKW-Basis und phosphathaltiger Waschmittel vorwerfen. Kurzum, wer heute das allgemeine Beste im Auge hat, wäre gut beraten, in kritische Männerforschung zu investieren, statt schuldbewusst dem weiblichen Nachholbedürfnis an Frauenwissenschaft entgegenzukommen. Es ist doch schon jetzt abzusehen, dass deren Harmlosigkeit unserer allzu bescheidenen Rolle in Geschichte und Gegenwart nur entsprechen kann. Und die ewige Frage, ob wir (wie Optimisten glauben) von Natur aus ein geringeres Risiko für unsere Umgebung darstellen oder von der Gegenseite mit künstlichen Mitteln zur Nettigkeit gezwungen wurden, kann bei der Eile, die inzwischen geboten ist, nicht mehr ausdiskutiert werden. Eine Methode kritischer Männerforschung wird die Verfremdung sein. Was auf den ersten Blick von allgemeiner Bedeutung zu sein scheint, wäre bis zur genauen Überprüfung Ausdruck männlich-kultureller Hegemonie. Viel wichtiger, als unsere Anwesenheit und Mitgemeintheit durch ein Suffix zur Geltung zu bringen, wäre umgekehrt die chronische Relativierung durch den Hinweis »Achtung, Männer!«.

Anders gesagt: Im Unterschied zum *Spiegel*, einem schon klassischen Männermagazin der Mittelschichten, gibt sich jede Frauenzeitschrift als solche zu erkennen und täuscht niemanden über die Partikularität ihrer Botschaft hinweg. So kommt es, dass eine Frau ohne Weiteres den *Spiegel*, ein Mann aber keinesfalls die *Brigitte* kaufen darf – es sei denn, er hat eine Freundin, der er sie mitbringen kann. Uns fehlt eben das universalistische Mäntelchen, das Männer sich umhängen, um sich keine gefährliche Blöße zu geben.

Das ist aber nicht immer leicht. Natürlich machen auch wir von Autos, Hi-Fi-Anlagen und Surfbrettern Gebrauch, auch für uns kann sich die Notwendigkeit ergeben, den Aktienmarkt zu beobachten; der mögliche Ausgang der nächsten Wahl lässt uns nicht kalt. Aber wir betreiben doch diese Studien nur unter dem Zwang der Notwendigkeit bis zu dem praktischen Punkt, der uns betrifft, um dann so schnell wie möglich zu dem zurückzukehren, was uns wirklich interessiert und immer beschäftigt. Aber was das ist, gehört nicht hierher. Männer dagegen, und das macht sie so gefährlich, neigen fortwährend und überall zu einem Typus von Exzess, der im Unterschied zu unseren eher emotionalen Rasereien wegen der Kombination mit Maschinen und Menschen einen fatal großen Wirkungsradius hat. Harmlos ist natürlich der Fanatismus, mit dem der *Spiegel* bei Wahlprognosen die drolligsten Hinweise konstruiert: Wie denken die Anhänger einer Partei über das gegebene Meinungsklima für ihre Partei bei den anderen Wählern?

Harmlos, zumindest als Lesevergnügen, ist auch das Testen. In verschiedenen Formen macht es den eigentlichen Hauptinhalt aller Männermagazine aus. Man testet alles mit einer Versessenheit, die jedem Gedanken an einen praktischen Nutzen Hohn spricht. Es kommt den Männern wohl darauf an, in die Rolle des allzeit überlegenen Experten zu schlüpfen und sich in der Illusion der Kontrollierbarkeit aller Dinge zu wiegen. […] Ganz ohne die Anthropomorphose der Maschinen geht es dabei nicht, und wo diese eintritt, ist die Versuchung zu reduktionistischen Deutungen groß, die immer wieder auf dasselbe hinauslaufen und es einem wirklich schwermachen, den Freudschen Pansexualismus nicht für das einzig Wahre dieser Lehre zu halten. »Wo stehen die Japaner? Fünf Paarungen im Vergleich. Zur Lage der Nationen«, so lautet die Überschrift zu einem Artikel. Fünf japanische treten gegen fünf deutsche Wagen der entsprechenden Größe an, nicht zum Crashtest, sondern zum sachlich-fairen Vergleich, zum objektiven Abwägen aller Vor- und Nachteile: kein Krieg. Zwar liegen am Schluss die Deutschen mit 4 : 1 klar vorn, aber diesen Ausgang müssten auch die Japaner, wenn schon nicht neidlos, dann doch ohne Ressentiments und Rachegelüste anerkennen.

Schließlich wurde nach Regeln gekämpft, wie es bei Jungs nun einmal der Brauch war und immer noch ist. Wer ist stärker? Wer pinkelt weiter?

Eine gute Nachricht, die ich nach meiner kleinen Untersuchung publik machen kann, lautet: Es gibt keinen Nationalismus mehr, weder da, wo es um Autos, noch da, wo es um Fußball, noch da, wo es um Waffen geht. Die schlechte: Was nach dem Auflassen der ideologischen Überbauten erst richtig sichtbar wird, sind die anthropologischen Kernstücke jener Bildungen. Es ist, als ob Männer nie älter als elf Jahre werden. Das ganze Für und Wider um den Bau eines neuen Superfighters schnurrt für den *P.M.-Luftfahrtexperten* auf die peinliche Vision zusammen, wie wir dastehen werden, wenn es wirklich einmal – nicht zum Krieg, sondern zu internationalen Kunstflugwettbewerben mit Jagdflugzeugen kommen sollte. »Dann könnte es passieren, dass die Luftwaffe – vielleicht in der Kategorie Oldtimer – mit der alten Phantom, die noch aus den fünfziger Jahren stammt, antreten muss. Nämlich dann, wenn der eigentliche Favorit Jäger 90 ein Phantom bleibt.« So naiv, mich heute noch, wo Kriege bei uns schlicht zu teuer geworden sind, über den Ersatz von Luftkriegen durch Kunstflugwettbewerbe (mit denselben Maschinen) zu freuen, dazu bin ich nach meinem Ausflug in die Welt der Männermagazine nicht mehr bereit. Und wenn, trotz aller in Aussicht gestellten Peinlichkeiten für die deutschen Männer, der Jäger 90 nicht gebaut wird, ist mir auch das keine Beruhigung; denn stattdessen könnte die Luftfahrtindustrie sich in den »neuen Technologien des Umweltschutzes, der Energietechnik oder der Telekommunikation profilieren«. Das klingt in meinen Ohren wie eine neue, die aktuelle Drohung.

Was Männern fehlt, will ich an einem letzten Test erläutern. Im *Kicker* stellen vier Experten 22 Fußballspieler der deutschen Mannschaft auf den »Prüfstand«. Sie erhalten Noten in den Fächern Technik, Schnelligkeit, Schuss, Torgefährlichkeit, Kopfball, Zweikampfstärke, Übersicht und Routine, Noten, die dann noch zu einer griffigen Durchschnittszensur zusammengefasst werden. Bloß drei der acht Aufgabenbereiche der Nationalspieler können mit sehr viel gutem Willen mit der Vermutung in Einklang gebracht werden, dass es sich beim Fußball um einen Mannschaftssport handelt, bei dem die Vergesellschaftung nicht auf die Feindberührung (Zweikampfstärke) beschränkt ist. »Übersicht« lasse ich auch noch als eine Voraussetzung sozialen Handelns gelten; »Routine« bloß deshalb, weil ich nur vage Vorstellungen habe, was damit gemeint sein könnte. Warum denkt niemand über das Genie zur Kooperation oder ein Talent zur Stimmungsmache in brenzligen und/oder deprimierenden Situationen nach? Das Soziale tritt, nicht bloß in diesem *Kicker* zur Weltmeisterschaft, als Kitsch in Erscheinung. Uwe Beins Lieblingsspeise sind Tortellini, Riedle krault einen Riesenbobtail, das Hobby vieler sind ein oder zwei kleine Kinder... Dass diese Männer, von ihrem Chef und den vielen Hobbychefs im Land wie Ersatzteile behandelt, in die Maschine der Nationalmannschaft ein- und ausgebaut werden, wie es sich der kleine Spielbastler gerade so denkt, wundert mich überhaupt nicht. Männer sind asozial. Die wechselseitige Verpflichtung auf ein Regelsystem für ihre Kämpfe ist das äußerste, was sie sozial auf der Palette haben, immer elf Jahre alt – wenn alles gut geht.

Im Angebot meiner Zeitschriftenhändler in Berlin-Mitte und in Lichtenrade war auch das traditionsreiche Schwulenmagazin *Du & Ich* – 22. Jahrgang. Von Seltsamkeiten abgesehen, die sich auf der anderen Seite im *Playboy* und artverwandten Magazinen genauso finden, mutet frau diese Welt gar nicht so fremd, sondern vertraut und anziehend an. Wer ich bin, hängt von den andern ab, um die man sich entsprechend bemüht. Im Wiederkäuen wird man klug. Der Inbegriff des Sozialen sind deshalb Klatsch und Tratsch, nicht regelrechter Sieg.

Der Text erschien im Juni 1990 in der Nr. 497 des *Merkur*.

Vita, Virginia und Angelica
Drei Frauen aus Bloomsbury und Umgebung

Was verbindet diese Namen? Die Liebe. Vita liebt Virginia, diese liebt beide, auf ihre schüchterne, ironische und kindliche Weise – nur die Jüngste, Angelica, scheint nicht geliebt zu haben, sie scheint das Opfer freundlicher Täuschungen und kämpft, mit einer Verspätung von Jahrzehnten, beim Schreiben ihrer Erinnerungen um ihre Identität. Oder ist Angelica Garnett, die Nichte von Virginia Woolf und die Tochter ihrer älteren Schwester Vanessa, nicht das Opfer falscher Liebe, sondern einer neuen frauenbewegten Denkart, die sich auf Virginia bloß beruft, ohne sie, die strenge Hüterin der Bloomsburywerte, richtig verstanden zu haben?

Bloomsbury ist ein Londoner Stadtteil hinter dem Britischen Museum, der 1904, als sich die verwaisten Kinder von Julia und Leslie Stephen am Gordon Square 46 dort wohngemeinschaftsmäßig niederließen, noch keineswegs fashionable, sondern bloß billig war. Zwei Schwestern und zwei Brüder samt deren Studienfreunden aus Cambridge bildeten die Zelle für eine disziplinierte Revolte gegen die vermufften Werte und gesellschaftlichen Zwänge des Viktorianismus auf dem Gebiet der Moral, der Politik und der Kunst. Von Lytton Strachey über Virginia bis zu John Maynard Keynes, dem Theoretiker des wohlfahrtsstaatlichen Interventionismus, lauter Berühmtheiten – später, wo sich um Bloomsbury bereits die Mythen rankten. Eine endlose Reihe von Veröffentlichungen hält den Kult bis heute lebendig, einen Kult nebenbei, den die Bloomsbury-Group schon selbst mit der Gründung eines Memoir-Clubs in die Hand genommen hatte.

Den Grund von Bloomsbury bildete eine individualistische Ethik, die Pazifismus (im Ersten Weltkrieg) und engagiertes Interesse für soziale Fragen für die meisten mit einschloss. Mehr noch als von ideologischen Gemeinsamkeiten waren aber alle durch ausdauernde Freundschaften miteinander verknüpft, ein lebendiges Netzwerk von Ermunterung, Kritik, aber auch Klatsch und Intrigen. Es war das Milieu einer bürgerlichen Bohème, mit allen humanen Freiheiten von konventionellen Moralvorstellungen, aber auch mit einem gewissen Druck in Richtung auf originelle und kreative Arbeit – unter dem mancher gelitten hat.

In so einem Milieu haben es Kinder sehr schwer, selbständig zu werden, so weit kann man Angelica Garnett folgen, deren 1984 erschienene Erinnerungen jetzt übersetzt vorliegen. Sie machen eine psychologisch bemerkenswerte, wenngleich bedrückende Lektüre; denn will man der Autorin glauben, so ist aus dieser Bloomsbury-Prinzessin so lange nichts geworden, bis sie als Endfünfzigerin in einer Auseinandersetzung mit den toten Eltern und ihrem ganzen Milieu endlich so etwas wie Selbstgefühl und Selbstvertrauen gewinnt.

Was haben ihre Eltern, was hat Bloomsbury an ihr gesündigt? Exzentrisch ist ihre Herkunft und ihr Schicksal ganz gewiss – und insofern wieder typisch Bloomsbury. Ihre Mutter, Vanessa, blieb zwar zeitlebens mit Clive Bell verheiratet, tat sich aber, nach einigen Umwegen, mit dem Malerkollegen Duncan Grant zusammen, der 1918 der Vater von Angelica wurde. Ihre Lebens- und vor allem Malgemeinschaft blieb bestehen, bis Vanessa 1961 starb. Angelica hatte also zwei Väter, einen offiziellen, der Wert darauf legte, sie zu Weihnachten den Großeltern zu präsentieren, die nicht die ihren waren, und einen inoffiziellen, von dem sie immer wusste, dass es der echte war, ohne dass jemand mit ihr darüber gesprochen hatte. Vielleicht können manche ihre Vorstellung von einem günstigen Entwicklungsmilieu so weit dehnen, das alles unbedenklich zu finden. Nun hat die Geschichte aber noch zwei Pointen, wie sie so nur in Bloomsbury möglich waren, weil es keine Vorurteile gegenüber irgendeiner Spielart der Liebe gab. Duncan Grant war nämlich eigentlich homosexuell und hatte zur Zeit von Angelicas Geburt eine Affäre mit David

Garnett, der eigentlich aber auch in Vanessa verliebt gewesen sein soll... Beim Anblick des Babys sprach er bereits von der Heirat mit diesem Mischwesen zweier geliebter Menschen. Und diese Heirat fand dann auch wirklich 1942 statt – allerdings gegen den Widerstand von Bloomsbury, das den Abstand von einer Generation zwischen den Eheleuten denn doch absurd fand.

Was Angelica in diese bald unglückliche Ehe trieb, aus der sie wegen vier kleiner Kinder dann nicht mehr so schnell fliehen konnte, sind ganz konventionelle Gründe, die sie mit vielen Frauen ihrer Generation gemeinsam hat. Man heiratet viel zu früh, noch im Mädchenalter, einen Ersatzvater, weil eine vernünftige Bildungs- und Arbeitsperspektive, in die Zeit und Interesse zu investieren wären, nicht vorhanden sind.

Angelica hatte eine mehr als fragmentarische Schulbildung, die nach dem Lustprinzip organisiert war; sie hatte ein bisschen geschauspielert und gemalt. Daraus konnte nichts werden: Sie hätte mehr sein müssen als ein normales, wenngleich atemberaubend schönes Kind, um den Fallen des konventionellen weiblichen Unglücks zu entkommen. Angelica Garnett macht Bloomsbury, ihre Mutter und die »geschlechtslose Güte« ihres Vaters Duncan Grant für ihre negative Lebensbilanz verantwortlich. Vermutlich zu Unrecht – aber wer mag denn einem traurigen Autobiographen noch den letzten Trost des Rechthabens und Durchblickens streitig machen?

Solche Skrupel hemmen mich bei Louise DeSalvos Untersuchung über Virginia Woolfs sexuellen Missbrauch und seine Folgen für Leben und Werk nun gar nicht; strahlt mir doch vom Umschlag des Buches eine jugendfrische und außerdem bildhübsche Autorin entgegen, gesegnet mit jenen natürlich gelockten Haaren, für die Vita Sackville-West zu ihrer Zeit eine Menge gegeben hätte. Versäumte deren Mutter – ein schöner Drache für Träume und Alpträume – doch nie, so alt ihre Tochter auch war, in ihren Haaren und anderen Verhältnissen zu wühlen, die sie nichts angingen. Nun war Vita sowieso der Meinung, dass ihr das Schicksal mehr als bloß Locken vorenthalten hatte. Ein anderer »technischer Defekt«, der sie als Mädchen vom Erbe des Familiensitzes samt dazugehörigem Titel ausschloss, ließ sie lebenslang verzweifeln. Aber schön der Reihe nach.

Müssen wir Virginia Woolfs Biographie, ihre psychischen Zusammenbrüche und Selbstmordversuche bis hin zum letzten, der sie 1941 am 28. März in den Wassern der Ouse in den Tod führte, heute neu schreiben? Mit viel Fleiß hat Louise DeSalvo den Versuch gemacht, aus ihr, der feministischen Säulenheiligen der ersten Stunde, nun auch noch ein exemplarisch, geradezu vorbildlich missbrauchtes Kind und geschändetes Mädchen zu machen. Auf 400 langen Seiten wird die These durchbuchstabiert, dass Woolf keineswegs manchmal verrückt und immer mit einer äußerst labilen psychischen Konstitution geschlagen war. Sie war das Hauptopfer in einer ganzen Kette inzestuöser Verbrechen, das sich mit allen ihm noch verbliebenen Kräften wehrt, in dem es Spuren hinterlässt, die wir heute, im Lichte der neuen Wissenschaft vom allgegenwärtigen Kindesmissbrauch endlich deuten können. DeSalvo versteigt sich einmal so weit, Woolfs notorische Asexualität, ihr kindliches Anlehnungsbedürfnis an meist ältere und große Frauen als positive lesbische Verarbeitung ihrer bösen Männererfahrungen zu deuten. Im Patriarchat sind eben alle Männer, bis zum Beweis des artigen Gegenteils, in jedem Einzelfall – Schweine…

So naiv wie diese Sexualpsychologie des feministischen *good will* zum eigenen Geschlecht, so hanebüchen ist die Methode der Autorin beim Belegstellensammeln und -deuten. Diese alte und fragwürdige Methode philologischer Beweisführung treibt hier so verrückte Blüten, dass mein Verdacht, die Hypothese vom allgegenwärtigen, aber totgeschwiegenen Missbrauch leite zur Wahnbildung und nicht zur Forschung an, entschieden verstärkt wurde. Ein Beispiel von vielen in der Hoffnung, dass andere Leserinnen mir folgen und selbständig weitere nehmen und in ihrem Kontext lesen und verstehen mögen; denn alles

Material, das DeSalvo benutzt, liegt glücklicherweise schon gedruckt vor.

»Ein Finger schien sich auf unsere Lippen gelegt zu haben«, benennt Woolf Jahre später die Situation im Trauerhaus nach dem Tod der Mutter. Frisch und frei deutet DeSalvo diesen Satz als klaren Hinweis auf das »erzwungene Schweigen« der Schwestern Vanessa und Virginia zu den sexuellen Übergriffen des Halbbruders George. Dann assoziiert die Autorin haltlos weiter über ein Gesetz, das 1908 den Inzest unter Zuchthausstrafe stellt hin zu einer Tagebucheintragung vom 21.1.1918. DeSalvo fasst zusammen: »Und sie fing an, sich mit der Inzestproblematik auseinanderzusetzen und wollte 1918 der British Sex Society beitreten, die sich vor allen Dingen mit ›Inzest zwischen Eltern und Kind‹ befasste.« Ich übersetze genau diese Stelle aus Woolfs Tagebuch, um erstens dem Leser eine Probe vom geselligen Gesprächsklima Bloomsburys zu geben; zweitens, um Virginia vom Ruch der schwer betroffenen Selbstfindungshausfrau zu befreien; drittens, um zu zeigen, dass die British Sex Society sich nicht »vor allen Dingen« mit dem Inzest, und viertens vor allem nicht mit dem beschäftigt, der DeSalvo und Kollegen umtreibt, sondern mit einem, den der feministische Gottseibeiuns Freud erfunden hat.

»Lytton kam zum Tee; blieb zum Essen, und ungefähr um zehn Uhr abends hatten wir beide trockene Lippen und das Gefühl verbrauchten Lebens. Das kommt vom stundenlangen Reden. Aber Lytton war äußerst angenehm und unterhaltsam. Unter anderem gab er uns einen erstaunlichen Bericht über die British Sex Society, die sich in Hampstead trifft. Das hört sich nach einer dritten Spezies Mensch an, und es scheint, dass die Versammlung auch so aussah. Trotzdem waren sie überraschend offen; 50 Leute beiderlei Geschlechts und unterschiedlichen Alters diskutierten ohne Scham solche Fragen wie den deformierten Penis von Dekan Swift; ob Katzen auf WC gehen; Selbstbefriedigung, Inzest – Inzest zwischen Eltern und Kindern, der beiden unbewusst ist, war das Hauptthema, in Anlehnung an Freud.

Ich glaube, ich werde Mitglied. Schade, dass die Zivilisation die Zwerge, Krüppel und geschlechtslosen Menschen immer zuerst erleuchtet. Und die finden sich in Hampstead. Lytton hat an verschiedenen Punkten das Wort Penis ausgestoßen. Das war sein Beitrag zur Offenherzigkeit der Debatte.«

Mit Fug und Recht kann man also DeSalvos Deutung dieser Tagebucheintragung als falsch zurückweisen. Kein Zufall, dass sie auf der Unterdrückung der Worte »unbewusst« und »Freud« beruht; denn genau hier scheiden sich die Geister. Für die einen sind Inzest und sexueller Missbrauch real, für die andern in der Mehrzahl der Fälle bloß realistische Umdeutungen eigener Phantasien und Wünsche.

Virginia Woolf ist kein sexuell missbrauchtes Mädchen gewesen, trotz der interpretationsbedürftigen Hinweise auf ihre älteren Halbbrüder in Gesprächen und autobiographischen Texten. Wer Ohren hat zu hören und Augen zu lesen, wird gerade durch die eigentümliche Mischung von Offenherzigkeit und Unklarheit der Erinnerungen auf die richtige Spur gesetzt. Die Söhne der Mutter aus erster Ehe können Virginia nicht immer bloß als viktorianische Spießer erschienen sein; besonders George, der gut aussah, wohlhabend und großzügig war, traut man es zu, dass er die Gefühle einer Halbwüchsigen vorübergehend auf sich ziehen konnte.

Zu dieser Ansicht neigt auch Jean O. Love in ihrer Woolf-Studie *Sources of Madness and Art* (1977), die sehr viel überzeugender als DeSalvo die Ehe- und Familienbeziehungen der Eltern Stephen für Virginias Entwicklungsdefizite verantwortlich macht. Den Vater konnte sie selbst noch als unzurechnungsfähigen Patriarchen darstellen, den Frau und Kinder narzisstisch päppeln mussten; die Mutter dagegen bleibt ein allzu blasses Ideal. Plausibel, dass sie chronisch depressiv und für ihre zweite Tochter deshalb unerreichbar blieb. Angefangen bei der älteren Schwester Vanessa, suchte sie ihr Leben lang Liebe und Stützung bei starken Frauen, die dem Mutterideal der frühesten Kindheit entsprechen konnten.

Eine davon war Vita Sackville-West, und mit deren Biographie verlasse ich das Gebiet einer sozialpädagogischen Geschichtsklitterung in moralischer Absicht, die alles am Normalmeter einer klinisch reinen Sozialisation misst, welche es außerhalb von Lehrbüchern noch nie gegeben hat. Victoria Glendinnings Mitschrift dieser abenteuerlichen Persönlichkeit mit ihrem robusten Appetit auf Leben, Literatur, Gartenbau und Hundezucht kann als Elixier gegen jene weiblichen Schwächeanwandlungen empfohlen werden, die in der Psychoanalyse heute gebündelt als »Vorwurfspatientin« in Erscheinung treten. Mögen ihre bis heute aufgelegten Romane, Gedichtzyklen und historischen Abhandlungen auch nicht erstklassig sein und ganz traditionell an Problemen murkeln, die außerdem nicht mehr die unsern sind – die Person ist es jedenfalls: erstklassig. Die Produktion einer so raumgreifenden Frau ist allerdings nicht billig und braucht den sozialen Vorlauf einiger Generationen. Auf der Vaterseite schlugen Geld und Gut, ein Schloss und die Zugehörigkeit zur englischen Aristokratie zu Buch; die Großmutter mütterlicherseits war eine spanische Tänzerin dubioser Herkunft, aber unzweifelhafter Schönheit. Virginia Woolf hat in *Orlando*, jener historischen Phantasmagorie über den Weg eines mann/weiblichen Mischwesens, ihrer Freundin Vita mit allen Facetten ihres Wesens ein wunderbares Denkmal gesetzt.

Der große Kummer ihres Lebens war der Verlust von Schloss Knole, wo sie ihre Kindheit und Jugend verbracht hatte, weil der »technische Defekt« ihrer weiblichen Anatomie sie von der Erbfolge ausschloss. Ihr Schreiben war im Grunde eine Fortsetzung der kindlichen Träumereien und Verkleidungsspiele als Prinzessin mit anderen Mitteln. Was nahm Sackville alles in Kauf, um endlich in Sissinghurst ganz auf eigene Rechnung standesgemäß hausen zu können! Wenn sie nur in ihrem Turm sitzen und schreiben konnte, da störte sie das Fehlen einer ordentlichen Heizung oder eines Badezimmers wenig.

Die Geschichte ihrer Ehe mit dem recht faden Harold Nicolson kennt man bereits aus dem Buch, das ihr gemeinsamer Sohn Nigel ohne falsche Scheu vor familiärer Indiskretion veröffentlicht hat. Es gehört ja überhaupt zu den schönsten Seiten eines Landes mit ungebrochenen Traditionen, mit quasi unaufhörlich akkumulierenden sozialen Reichtümern, dass auch private Sünden dem Publikum einmal zum Nutzen und zur Belehrung dienen können. »Intimität war etwas, das mit der morgendlichen Post kam«, so kennzeichnet Victoria Glendinning das Ehe- und Familienleben auf Sissinghurst. Ununterbrochen wurden zwischen Vita und Harold Briefe gewechselt, in denen man sich wechselseitig der größten und wahren Liebe versicherte. Daneben existierten die Tatsachen, die sie beide sich mit einer kleinen sexualwissenschaftlichen Bibliothek klargemacht hatten. Dabei besaß nämlich die männliche Homosexualität in der britischen Oberklasse schon Tradition – trotz der strengen Gesetze. Skandalträchtiger waren tendenziell Vitas Leidenschaften, die Glendinnings Biographie minutiös auflistet und hinreichend genau analysiert. Eine kurze Liebschaft (und lange Freundschaft) verband sie auch mit Virginia Woolf; eine buchstäblich fast lebenslange mit Violet Trefusis. Man hatte sich in der Schule kennengelernt, wo Violet als Zwölfjährige schon wusste, was und wen sie wollte. Sollte man auch bei ihr von einer Art sozialer Vererbung ausgehen? Denn ihre Mutter war Mrs. Keppel, die Geliebte von König Edward VII. Mut, Leidenschaft und diplomatisches Geschick hatten Vita und Violet von ihren Müttern mitbekommen. Warum, so fragt man sich, ist ihre Geschichte noch immer nicht verfilmt worden?

Frauen wie Vita Sackville-West, aber auch solche liberalen intellektuellen Milieus wie Bloomsbury sind in der deutschen Literatur des 20. Jahrhunderts unbekannt. Der kunstfromme Kleinbürger oder die Gesinnungstreue des Parteigängers bestimmten neben dem heroischen Künstlerideal das Klima der Literaturproduktion. Der Fortschritt läge im Luxus eines libertären Individualismus, der jenseits des Kanals eine lange Tradition hat.

Der Text erschien am 26.04.1991 in der ZEIT.

Unecht, zwecklos, albern
Über Mode als Medium weiblicher Identitätsbildung

Ein beliebiges Pressefoto, das unsere *ruling class* in repräsentativen Momenten ihrer Arbeit zeigt. Was sehen wir in 90 von 100 Fällen? Erstens Männer, zweitens Schlipse, Anzüge (uni) und Hemden (dito). Manchmal sehen wir auch Frauen. Gleich in welcher Funktion sie dastehen, ob als Gattin, Dolmetscherin oder Ministerin, sie zeigen sich wenn schon nicht schön, dann doch schön gemacht. Die Haare sind nicht bloß gewaschen und geschnitten, sondern zu einer Frisur gestaltet. Die Haut ist mit Make-up planiert, die Gesichtszüge mit Schminke präzisiert; hier und da glitzert Schmuck, Perlen schimmern matt auf Samt und Seide. Kleider und Kostüme verschiedensten Zuschnitts nutzen die ganze Farb- und Musterpalette – überflüssig, alle Variationen und Möglichkeiten modisch-weiblicher Inszenierung hier aufzuzählen, die selbst dort zu sehen sind, wo diplomatische Regeln den Damen innovative Exzesse verbieten. Mit einem Gegenbeispiel lässt sich Platz sparen. Wem würde es überhaupt auffallen, wenn etwa unser Außenminister Genscher, der ja viel rumkommt und oft zu sehen ist, alle seine Missionen und Auftritte in ein und demselben Anzug absolvierte? Damit er sich immer frisch fühlt, sollte man ihm vielleicht raten, diesen ein und denselben Anzug in mehreren Exemplaren mit sich zu führen – wie man ja auch von Männern hört, die sich bei einem seltenen, schließlich unvermeidlichen Ausflug in die Warenwelt alles, was ihnen passt und zusagt, in größerer Zahl kaufen und damit dann auf Jahre jedes überflüssigen Gedankens an die Bedeckung ihrer Oberfläche enthoben sind.

Ganz anders die Frauen: Mit der Königin Elisabeth hat jede Chefsekretärin, ja fast jede bessere Angestellte wenigstens das gemein, dass sie keinen Arbeitstag im Outfit von gestern oder vorgestern absolviert. Sagenhaft waren die Kleiderschätze von Eva Perón, auch ihre Nerzsammlung, und das Schuhlager von Imelda Marcos hat seine ehemalige Besitzerin wohl nur deshalb in den Geruch der Psychopathie gebracht, weil sie am Ende der Dynastie unbedingt als gekränkte Landesmutter überleben will. Wenn genügend Zeit vergangen ist, kann man ihre Schuhregale sicher wieder in dem außerpolitischen Zusammenhang sehen, in den sie gehören. Frauen existieren nun einmal bloß als Inszenierung und brauchen keinen Schrank, sondern einen persönlichen Fundus, ja, eine Industrie und ein Dienstleistungsgewerbe, das ihnen zuarbeitet.

Von Kaiserin Eugénie ist bekannt, dass sie ihre Kostümvorräte nur mit einem eigenen Katalog erschließen konnte. Vor dem saß sie täglich und wählte, unterstützt von Abbildungen, das ihr genehme Kleid aus. Drapiert auf eine Schneiderpuppe mit ihren Maßen, wurde es von einem Lastenaufzug in das Ankleidegemach der Kaiserin transportiert. Entsprach es ihrer Inszenierungsidee für den Tag und die bestimmte Gelegenheit, wurden die passenden Accessoires nachgeordert, auch mit Hilfe des Katalogs – sonst begann die Prozedur von vorn.

Wer die Bilder von Winterhalter vor Augen hat, kann sich vorstellen, warum man für die Mode des Dritten Kaiserreiches einen Aufzug, ein Lager und einen Katalog brauchte. Ein einfaches Hauskleid aus Moiré verschlang 30 Meter Stoff, 80 Meter weißer Seidentüll, von Silberfäden durchwirkt, lagen auf der Krinoline eines Ballkleides der Fürstin Metternich. Der Saum erreichte einen Umfang von neun Metern. Auch wer von mehr als zweifelhafter Abkunft war, musste sich in einem Kleid von solchen Ausmaßen und solcher Kostbarkeit wie eine Königin fühlen und diesen Eindruck auch bei anderen durchsetzen. Tatsächlich verdankt die Pariser Haute Couture ihre Entstehung und Bedeutung dem Geld und dem Geltungsstreben zugereister amerikanischer Erbinnen und – ausgehaltener Halbweltdamen. Man konnte sie aus den feinen Salons ausschließen, ihre aufsehenerregenden Auftritte und Kleiderparaden in der Öffentlichkeit, auf Straßen, Rennplätzen und in Theaterlogen waren nicht zu verhindern. Das schiere Volumen dieser Kleider, die Maximierung des Effekts bei geringstem Aufwand an Bewegung und Körperreiz durch raschelnde und knisternde Stoffe, degradierten jeden Mann zur bloßen Staffage, machten ihn zum Komparsen beim Auftritt der weiblichen Stars. Die Frauen waren unübersehbar, und sie beanspruchten Platz, viel Platz, von der Mode legitimiert.

Da heute kaum noch jemand Gelegenheit hat, regelmäßig auch nur ein schlichteres Abendkleid auszuführen, ist uns der Sinn für den psychologischen Nettoertrag einer zugegeben teuren und unbequemen Mode ziemlich abhandengekommen. Ich vermute, dass er hoch war und dass er umgehend in ein ziemlich umstrittenes Unternehmen investiert wurde: die bis heute noch nicht abgeschlossene Emanzipation der Frauen. Was auch immer mit dem Blick auf ihre Geschichte moniert und geklagt wird, darf uns doch nicht die Einsicht vernebeln, dass die Frauen seit dem Ende des 18. Jahrhunderts begonnen haben, aus dem Schlamassel einer ahistorischen Existenz heraus- und in die Geschichte einzutreten. Wer diesen Urknall nicht anerkennt und mich einerseits an Hildegard von Bingen und andererseits vielleicht an die verschwindend geringe Zahl der Inhaberinnen von C4-Professuren erinnern will, dem lege ich die Frage vor, wo und wann frau lieber als heute gelebt hätte. Kann man sich von Männern, denen man diese Frage stellt, einigermaßen nachvollziehbar verschiedene nostalgische Vorlieben erklären lassen – bei Frauen scheint es mir ausgeschlossen, dass sie bei klarem Kopf das 20. Jahrhundert in Mitteleuropa nicht jeder anderen Zeit und jedem anderen Ort vorziehen.

Beim Weg in die Geschichte hat die Mode, die unbequeme Mode des 19. Jahrhunderts, durch die Verkettung verschiedener Umstände eine bedeutende Rolle gespielt, ohne dass das irgendjemandem aufgefallen wäre. Warum die Mode so unbemerkt das Selbstbewusstsein der Frauen entwickeln und ihre Individualität freisetzen konnte, hat zwei Gründe. Männer haben zwar viel und gern über Mode geschrieben, aber selten mit dem gehörigen Ernst und noch seltener mit genügend Fachkenntnissen ausgestattet. Frauen andererseits, die es hätten besser wissen können, vermieden das Thema, eben weil es frauenspezifisch und deshalb unseriös war. Wer sich für das Wahlrecht der Frauen einsetzte, konnte es sich auf keinen Fall leisten, mit Eitelkeit, Putzsucht und Modetorheit in Verbindung gebracht zu werden, diesen Stereotypen des weiblichen Wesens in all seiner reizenden Harmlosigkeit. Wer dennoch als Frau über Mode sprach, tat es im Fahrwasser der Männer, die im Namen der Medizin, der Hygiene oder einer ewigen Ästhetik auch die Mode moralisch reformieren und letzten Endes den Prozess, in dem sie immer wieder neu wird, ein für allemal stillstellen wollten. Bis heute fällt an der Berichterstattung über Modeereignisse eine krampfhafte Ironie auf, deren misogyner Kern offensichtlich ist. Wann werden Bundesligaereignisse je so mokant präsentiert wie die Highlights der Pariser Haute Couture im Anschluss an die Abendnachrichten im Fernsehen? Unterbleibt der Gestus der ironischen Herablassung wie in der Regel bei weiblichen Berichterstattern, dann simulieren sie Distanz durch stetes Nörgeln, meist da natürlich, wo es besonders aufregend hergeht und Rücksichten auf Geschmack, Stil und Tragbarkeit unterblieben sind.

Auffällig ist aber nicht nur, wie über Mode gesprochen wird, immer verglichen mit anderen angeblichen Nebensachen wie etwa Fußball, sondern auch, wie wenig Platz und qualifiziertes Personal die seriösen Medien für dieses Thema bereitstellen. Elisabeth Wilson erklärt das in ihrer Studie *In Träume gehüllt* einleitend mit der Akzeptanz, die inzwischen überall Themen der männlichen Subkultur erfahren, während die weibliche weiterhin in der allgemeinen Öffentlichkeit nicht vorkommt. Das fällt niemandem auf und scheint auch Frauen nicht zu stören, die doch sonst so bemüht sind, alle wunden Punkte bekanntzumachen. Da die Frauen schweigen und die Männer bloß als parteiliche Zeugen aussagen können, muss ich also meine Behauptung von der übersehenen Rolle der Mode beim Sprung der Frauen in die Geschichte mit Einfällen zu den Lücken und Verzerrungen wahrscheinlich machen.

Die Frage, die das anfangs vorgelegte Pressefoto wiederholt, warum nämlich seit fast 200 Jahren vor allem Frauen Mode konsumieren, hat eine ganze Anzahl von Antworten gefunden, die sich aber leicht auf nur drei systematische Annahmen zurückführen lassen. Mit dem Modekonsum, so lautet die eine, kompensieren die Frauen ihren minderen Status, generell ihre Festlegung auf die Rolle des Opferlamms in einer von männlichen Interessen und Werten bestimmten Gesellschaft. Die Spezialität von Joan Crawford war es, das *suffering in mink* vorzuführen, und ihr scheinen die Frauen nachzueifern, die ihre Lebenskrisen durch Besuche beim Friseur, den Kauf teurer Kosmetika und extravaganter Kleider erträglich gestalten. Georg Simmel ist mit seinem Aufsatz »Die Mode« wohl der berühmteste Anhänger dieser Kompensationstheorie. Kompensation schafft so etwas wie Gerechtigkeit zweiter Güte, und das erklärt wohl auch, warum Simmel eine so ganz aus dem bürgerlichen Rahmen fallende Apologie der Mode an sich verfassen konnte, ohne sich auf ökonomische Faktoren herauszureden. Natürlich entspricht auch die Mode dem Ideal des Simmelschen Gesellschaftsmechanismus, wonach das Sichausschließende und Sichwidersprechende auf zauberische Weise ohne sein Gegenteil nicht zu existieren vermag, ja gar nicht entstehen kann. Das eine wird getan, das andere nicht gelassen. So befriedigt die Mode auf der einen Seite das Verlangen des Einzelnen, sich auszuzeichnen, sich als Individuum und als Persönlichkeit auch sichtbar zu machen. Auf der andern Seite unterwirft sich der modische Mensch dem Modediktat und vergesellschaftet sich so mit denen, die das auch tun. Sich modisch zu verhalten bedeutet deshalb auch wieder eine Zurücknahme des Individualismus zugunsten der Angleichung und Anpassung an andere. Das Gefühl, einer Gemeinschaft anzugehören, kommt dann aber wieder dem Selbstgefühl des Einzelnen zugute; denn »die Mode erhebt den Unbedeutenden dadurch, dass sie ihn zum Repräsentanten einer Gesamtheit, zur besonderen Verkörperung eines Gesamtgeistes macht«.

Auch bei Simmel ist sie zu hören, aller soziologischen Feinheiten zum Trotz, die Herablassung, der Tonfall von Güte und Verständnis, der unvermeidlich angeschlagen wird, wenn es um Mode geht, Narrenteiding in den Augen aller Persönlichkeiten von Geist und Charakter. Die Mode ist, schreibt Simmel noch ganz allgemein, der »eigentliche Tummelplatz für Individuen, welche innerlich unselbständig und anlehnungsbedürftig sind, deren Selbstgefühl aber doch einer gewissen Auszeichnung, Aufmerksamkeit, Besonderung bedarf«. Das gilt für den jungen Menschen wie für die Frauen, welche aber – abgesehen von der Unterentwicklung der Persönlichkeit – noch durch ein weiteres Moment ihrer Existenz auf die Mode verwiesen werden: die Langeweile als natürliche Beigabe zum Leben mit dem Wiederholungszwang zwischen Kindern und Küche. Obwohl Simmel so deutlich nicht wird, meint man Mitleid und schlechtes Gewissen aus seiner Gedankenführung herauszuhören: »Im Allgemeinen zeigt die Geschichte der Frauen in ihrem äußeren wie inneren Leben, in dem Individuum ebenso wie in ihrer Gesamtheit eine vergleichsweise so große Einheitlichkeit, Nivellierung, Gleichmäßigkeit, dass sie wenigstens auf dem Gebiet der Moden, das das der Abwechslungen schlechthin ist, einer lebhafteren Bestätigung bedürfen, um sich und ihrem Leben – sowohl für das eigene Gefühl wie für andere – einen Reiz hinzuzufügen.« Was sachlich so unmotiviert ist wie die Mode im Wechsel ihrer willkürlichen Erfindungen, lässt sich für Simmel also durch humanitäre Rücksichten auf all jene rechtfertigen, deren Persönlichkeitsbildung zu wünschen übriglässt. Ja, mehr noch: Man ist gut beraten, die Mode als Mittel sozialer Pazifierung nicht zu unterschätzen; denn im modischen Zwang zur ästhetischen Frivolität werden Freiheitsimpulse gebunden, die gefährlich werden könnten.

Weil Simmel die Mode zu einem sozialen Mechanismus stilisiert, der umso besser wirkt, je beliebiger sein Inhalt ist, übersieht er systematisch seinen historischen Ort erst in der bürgerlichen Gesellschaft und die Logik der Modeentwicklung im Einzelnen. Ich denke dabei weniger an die öfter postulierten Zusammenhänge zwischen der Rocklänge und der Börsenentwicklung, sondern z.B. an das Schicksal der Farbe Weiß, die schon im alten Ägypten von Reichen und Vornehmen bevorzugt wurde. Wirkliches Weiß ist so unwahrscheinlich wie das Leben ohne Tod, und das prädestiniert diese Farbe für die modische Inszenierung des Selbst – wenn die Umstände es erlauben. Georges Vigarello hat gezeigt, wie man vor der Entdeckung von Wasser und Seife mit weißer Wäsche Reinheit erzeugte. Noch um die Jahrhundertwende träumte Franziska zu Reventlow davon, einmal in einem weißen Kleid durch Schwabing zu promenieren; weiß war die Kleidung der Sportler beim Segeln und Tennis, aber auch beim kleinbürgerlich-proletarischen Turnen. Die bedeutsame Farbe unterstrich den Trotz, der in der scheinbar funktionslosen Körperdressur zum Ausdruck kam. Keinesfalls zufällig arbeitete Courrèges als Konstruktivist der Mode vor allem mit Weiß, sogar bei langschäftigen Stiefeln für Sommer wie Winter. Vermutlich hat die Verbreitung von Waschmaschinen in Privathaushalten Jahre später dann dazu geführt, dass Weiß scheinbar plötzlich und unmotiviert zur bevorzugten Modefarbe ausgerechnet bei der Winterkleidung avancierte – jedenfalls in Berlin-Kreuzberg. Das Beispiel genügt wohl, um die Behauptung von der funktionalen Sinnlosigkeit des Modezaubers zu bestreiten, die seit Simmel immer wieder männliche Wissenschaftler zu animierten Stellungnahmen oder, wie bei Roland Barthes, formalistischen Exerzitien herausgefordert hat. »Mode ist ein eher unerklärbares Phänomen«, lehrt Baudrillard, »zumindest, was folgende Dinge angeht: die Zwanghaftigkeit, mit der sie neue Zeichen sucht, ihre offensichtlich willkürliche und ständige Produktion von Bedeutungsinhalten – eine Art von Streben nach Bedeutung – und das logische Geheimnis ihres Kreislaufs.«

Woher diese Obsession mit dem unerklärlich sinnlosen Spiel leerer Zeichen bei Baudrillard oder dem Unsachlichen, das bei Simmel Mode im Kern definiert? Wer über Mode spricht, spricht über Frauen, und er spricht so, wie er sonst über diese geredet hätte, vielleicht in der indirekten Form sogar aufrichtiger als sonst. Bei Simmel sieht man, dass auch eine subtilere Philosophie der Geschlechter dazu dient, einen offensichtlich gefährdeten Status quo zu verteidigen. Plötzlich stecken wir in der Metonymie Mode – Frau – Unsachlichkeit (oder Zufall, Spiel, Chaos und Oberfläche), aller zarten Empirie zum Trotz. Die Beunruhigung, welche von ihr ausgeht, soll mit dem klassischen bürgerlichen Regulativ abgewehrt werden, das in Fällen wie diesen immer für Ordnung zu sorgen verspricht: der Natur. Das einzige konkrete Beispiel, das Simmel in seinem Aufsatz gibt, bezieht sich auf Liselotte von der Pfalz und ist mit Freud zu lesen. Die Pfalzgräfin soll am Hofe Ludwigs XIV. einen Rollentausch der Geschlechter als modisches Spiel angeregt haben. Warum Liselotte, eine »völlig maskuline Persönlichkeit«, auf dieses Spiel kam, liegt auf der Hand. Simmel gewinnt aus diesem modischen Exzess die ihn und uns beruhigende Erkenntnis, dass gerade die extremsten Moden notwendig die flüchtigsten sein müssten, weil ihnen »die Beziehung zu dem beharrenden Zentrum der Dinge und des Lebens fehlt«. Ob Simmel bei diesem Beispiel wirklich eine Prinzessin des 17. Jahrhunderts oder nicht ganz andere Frauen vorschwebten? Seine Anerkennung der Mode als einer Lebensform, die dem »Menschen als gesellschaftlichem Wesen natürlich« ist, mutet an wie die Verordnung eines Sedativs, vor allem für Frauen. Die »unverlierbare Substanz der menschlichen Verhältnisse« darf in der Mode in Frage gestellt werden, wo sogar das Verlangen nach dem »schlechthin Unnatürlichen« einmal zu seinem Recht kommen kann – aber eben nur als Mode, kurz und folgenlos.

Die zweite systematische Annahme über die Verbindung von Modekonsum und Frau fußt auf der gründlichen Aufgabenteilung der Geschlechter in der bürgerlichen Gesellschaft, die zu einer Vielzahl von polarisierten Bestimmungen des männlichen und weiblichen Wesens geführt hat. Näher an den modischen Ereignissen und der Entwicklung hin zu einer demokratischen Massengesellschaft hat René König diesen sozialhistorischen Befund in *Mode und Erotik*, seiner Soziologie der Mode, berücksichtigt. Aus dem puritanischen England kamen nicht nur die Maschinen und der Industriekapitalismus, sondern auch die maßgebliche Herrenkleidung, die den Bürger in das »graue Arbeitstier« verwandelte, das seine exhibitionistischen Neigungen ganz an das sogenannte schöne Geschlecht abgetreten hatte. Bei Thorstein Veblen, dem ja auch die ausladenden Damenmoden des späten 19. Jahrhunderts vor Augen standen, erklärt sich ebendiese Mode aus der Aufgabe der Gattinnen und Töchter, den Reichtum der Männer zur Schau zu stellen und in der Vergeudung seine Unerschöpflichkeit zu demonstrieren. Das Leben als *conspicuous consumption* zu organisieren, wäre demnach die sonderbar müßige Arbeit gewesen, welche von der gesellschaftlichen Unvernunft den Frauen auferlegt wurde. Zusammen mit der Vernunft bleiben nach der Überzeugung Veblens dabei Schönheit, Eleganz und Geschmack auf der Strecke. Wie viele andere Reformer auch glaubte er an das definitive Kleid, mit dem die Mode endlich stillgestellt, abgeschafft werden könnte. Die Ruhe, die dann herrschte, wäre die Friedhofsruhe; denn eine anthropologische Konstante kann man im Modetheater gewiss ausmachen. Es ist der Kampf gegen den sozialen Tod, der im Unsichtbarsein, im Übersehenwerden droht.

Ohne jeden kultur- und konsumkritischen Ober- und Unterton, der sonst beim Thema Mode unvermeidlich angeschlagen wird, hat René König schon in den sechziger Jahren die Folgen untersucht, die die Arbeitsteilung der Geschlechter in der bürgerlichen Gesellschaft für die Kultur hat, die Kultur des Körpers. Wir würden es heute wohl vorziehen, statt von Körperkultur von einer Zivilisierung des Körpers zu sprechen; denn ganz wie Norbert Elias den Begriff gemeint hat, sieht König die Frauen als

Avantgarde in einem Prozess, der direkte Impulse kontrolliert, sie transformiert und zu vielgestaltigen Inszenierungen im Alltag benutzt. Die Mode ist das Terrain, wo aus Sexualität Erotik wird. So lange Männlichkeit vor allem mit Arbeit, Leistung und Macht als messbaren Größen assoziiert wird, werden Männer nicht nur modisch als »graue Arbeitstiere«, sondern auch erotisch in präziviler Steinzeit vegetieren. Bei ihnen lösen nur scheinbar eindeutige Reize Wünsche und Reflexe aus, an die die Frauen in aller zivilisierten Unschuld keineswegs gedacht haben. Ihre ästhetische und moralische Privilegierung in der Vergangenheit, die Kehrseite ihres Ausschlusses aus dem öffentlichen Leben, hat es ihnen erlaubt, meint König, aus groben Reizen und Trieben eine »soziale Einrichtung« zu machen, sodass die Sexualität als ein »frei disponibles Element in der Gestaltung des Alltags« wirken kann. Wer gelegentlich mit dem ersten Flugzeug unterwegs ist, weiß, dass Königs Zuweisung der zivilisierenden Ästhetik an die Frauen, der archaisierenden Entsagung an die Männer, immer noch gilt. Unübersehbar ist an solchen frühen Morgen aber natürlich auch, dass die Arbeitsteilung der Geschlechter auf den höheren Etagen von Politik, Wissenschaft und Geschäft fortbesteht.

Ob sich die Gegensätze aufweichen und die Zukunft weniger frostig ausfallen wird, weil die Gesellschaft über ein größeres Reservoir an sozial sublimierter Sexualität verfügt, ist eine offene Frage. […]

König hat viel Schmeichelhaftes über die fortgeschrittene Fähigkeit der Frauen zur sozialen Sublimierung der Sexualität gesagt. Der ganze Aufwand, der mit immer anderen modischen Inszenierungen, Farben, Formen, Gerüchen, mit raffiniert bedecktem oder entblößtem Fleisch getrieben wird, kann unter Umständen von Männern, diesen Wesen einer erotischen Steinzeit, falsch verstanden werden. Das Missverständnis beschränkt sich keineswegs auf jene Machos und Chauvis als Wachhunde des Patriarchats, von denen eine Zeitlang so viel die Rede war, sondern erfasst auch gern, wie König immer wieder betont hat, die feineren Kreise der Kulturkritiker, die, der Zeit angepasst, heute eher als Konsumkritiker auftreten. Wie dem auch sei – Königs Schema scheint mir allzu schmeichelhaft; denn es berücksichtigt nicht den Beitrag, den die Frauen selbst zum großen Missverständnis zwischen den Geschlechtern leisten. Wissen sie eigentlich von ihrer zivilisatorischen Spitzenstellung?

Nach meinen diesjährigen Erfahrungen im Freibad muss ich die Frage mit einem eindeutigen Nein beantworten. Seit nämlich niemand mehr an entblößten Brüsten Anstoß nimmt, greift bei den Frauen ein nur noch selbstzerstörerisch zu nennender Exhibitionismus um sich. Gewiss sind Schönheitsideale ein bisschen relativ und die Geschmäcker auch nicht ganz einheitlich – was aber auch bei Anwendung liberaler Grundsätze übrigbleibt, ist schrecklich viel. Mit der Spießermoral sind offenbar auch die Bedenken einer zivilisierten Ästhetik verworfen worden, deren Protagonistinnen die Frauen doch eigentlich sind. Man könnte einwenden, dass niemand gezwungen ist, ins Freibad zu gehen. Ich vermute aber, dass das Missverständnis, das dort praktisch wird, auch anderswo zu Konfusionen führt.

Wie alle Emanzipationsbewegungen der Neuzeit hat sich auch die der Frauen um einen Begriff von Natur kristallisiert, den man heute als doppeldeutig, wenn nicht schon ganz und gar als gefährlich, als Illusion durchschauen und aufgeben muss. Damit bin ich beim dritten Versuch angelangt, das modische Wesen der Frauen zu erklären. Viele Autorinnen aus dem Umkreis der Frauenbewegung haben immer wieder variiert, was man die Entfremdungshypothese nennen könnte. Wenn Frauen alles tun, um schön zu sein, unterwerfen sie sich in Wirklichkeit männlichen Wünschen und Wertvorstellungen, mit denen sie sich von Kindesbeinen an identifiziert haben. Emanzipation kann also nur heißen: Zurück zur Frau, wie sie von Natur ist. Was also im Schwimmbad zu meiner Verwunderung gezeigt wird, ist kein weiblicher Busen, bekannt und beliebt, als leise oder laute erotische Stimulanz inszeniert, sondern die nicht weiter reduzierbare Natur, der man nicht widersprechen darf.

Nun kann man zwar sagen, dass Frauen von Natur nicht dümmer sind als andere, aber dass sie nicht anders sind, wäre falsch. Ihr Anderssein sollte sie eigentlich gelehrt haben, die Natur zu hassen, die sie als Gattungswesen verschwendet und als Individuen missachtet hat, der vielbesprochenen weiblichen Geburtshilfe zum Trotz. Abgesehen von der natürlichen Bedrohung haben auch Begriffssysteme, die um die Geschlechtsnatur herum entwickelt wurden, die Geschichte der Frauen so behindert und verlangsamt, dass jede Berufung auf diese Instanz sich von selbst verbieten müsste.

Alle drei Versuche, die enge Beziehung der Frauen zur Mode zu erklären, haben ihre Vorzüge und Mängel. Am offensichtlichsten scheint mir bei allen dreien die Vernachlässigung der historischen Dynamik, welche sich in dieser Kombination entfaltet hat. Die Mode war in der bürgerlichen Gesellschaft der einzige Bereich, wo die Inszenierung des weiblichen Selbst nicht nur erlaubt, sondern sogar geboten war. Keine Frau musste rebellieren, um diesen Weg zu betreten, und gerade das prädestinierte sie zum Schleichweg der Emanzipation. Mode war das Medium, wo Frauen Individualität erfahren, Identität bilden konnten, jenseits ihrer Fixierung als Gattungswesen auf ihre natürliche Bestimmung als Ehefrau und Mutter in der Familienklausur; denn Mode ist nicht nur im Extremfall, wie Simmel meinte, sondern grundsätzlich kunstvoller Widerspruch zur Natur. In der Verkennung dieser Tatsache trifft sich feministische Kritik am weiblichen Exzess im Namen der Schönheit mit dem Konservatismus einer normativen Ästhetik, die im Namen des Echten und Natürlichen die geschmacklosen Verirrungen der Mode geißelt. Das ganze 19. Jahrhundert hindurch, bis in die fünfziger und sechziger Jahre des 20., muss diese Kritik auch immer als der Versuch gelesen werden, die Frau als identitätslose Natur festzuschreiben, als Reservat für nostalgische Träumereien ebenso wie als

Kampfplatz, auf dem sich die Vernunft siegreich über die Frauen und die Albernheiten der Mode erheben konnte. Man kann diese Vernunft nicht so ohne Weiteres als »männlich« denunzieren, weil das weibliche Selbstmissverständnis von der emanzipierten Frau als Naturwesen, nicht als Kunstprodukt der Zivilisation, mit dieser Vernunft vortrefflich harmoniert hat. [...]

Auch wenn schöne Kleider längst gesammelt werden und Couturiers gelegentlich wie Künstlerfürsten auftreten, hat sich die Ansicht, dass Mode eine Kunstpraxis ist wie Tanz oder Theater, nicht durchgesetzt. Unser Wertsystem stuft nämlich automatisch alle Dinge, die vor allem Frauen tun oder betreffen, niedriger ein als andere, denen unterstellt wird, einen Aspekt der allgemeinen, in Wirklichkeit aber der (männlichen) Hegemonialkultur zu bearbeiten. Längst haben signierte Möbel den Weg in große Kunstausstellungen gefunden, werden Ingenieure und Innenarchitekten als neue Künstlerspezies der Designer zusammengefasst, während die Mode, ihre Genies, Erfinder und Handwerker in einer namenlosen Kostümgeschichte untergehen. Aber es gibt noch andere Gründe, die es verhindert haben, dass die Mode so ernst genommen wird, wie sie es eigentlich verdiente. Während die bürgerliche Emanzipation die Künste (der Malerei, der Musik) von ihrer Gebrauchsfunktion weg zur reinen Kunst geführt hat, blieb die Mode Kunstgewerbe – und das ist nicht bloß weniger, sondern das Gegenteil von Kunst. Denn es stellt die künstlerische Arbeit, in ihrer Intention und ihrer Intensität, überhaupt das Extrem, die höchste Verwirklichung der Arbeit dar, die der einzige Lebenszweck des Mannes in der bürgerlichen Gesellschaft ist. Die Auffassung von der entgegengesetzten Aufgabe der Geschlechter, die sich nur im Paar harmonisch komplettieren, hat Frauen nicht nur jede anspruchsvolle Arbeit verwehrt, sondern ihnen auch dort Identitätsbildung verbieten wollen, wo die Anlage des Systems ihnen selbst die Möglichkeit bot, aus dem Gattungswesen herauszutreten: in der Mode vor allem dort, wo das Extrem ergriffen wird, und sei es nur in der zahmsten Form des gerade Neuen. [...]

Alle Kleiderreformen haben einen antifeministischen Kern, gleich, ob ihre Beweggründe in ästhetischen oder, wie um die Jahrhundertwende, auch medizinischen Ideen liegen. Umgekehrt muss man aber auch heute Frauen davor warnen, in bestimmten modischen Extremen – heute Schlankheitskult, früher Schnürkorsett – die weibliche Unterwerfung unter männliche Wunschvorstellungen und Schönheitsideale zu erblicken. Vom Gegenteil auszugehen wäre richtiger, wie der amerikanische Kulturwissenschaftler David Kunzle in *Fashion and Fetishism* mit der Erforschung der Subkultur der *Body-Sculpture* gezeigt hat. Vielleicht war die viktorianische Sylphe, deren Wespentaille uns mitleidig schaudern lässt, in Wirklichkeit eine radikale Gestalterin ihres Selbst, mit allen atemlosen Euphorien, die diese Arbeit mit sich bringt?

In Kleiderfragen blieben die Frauen, trotz aller Einreden, dann doch unregierbar. Ungeachtet der Katastrophenmeldungen über die Gefährdung von Sitte und Anstand, Fortschritt und Gesundheit, den Untergang der eleganten Dame und des anmutigen Mädchens wegen Hosen und viel zu viel Make-up, ging die Modegeschichte und die Geschichte der Frauen weiter. […]

Als die Lebensreformer in der Ära des Jugendstils gegen das Kleid der Dame rebellierten, setzten sie auf die Evidenz neuer Stoffe, Farben und Schnitte und erstmals auf die Ergründung des individuellen Typs, ein neuer Versuch, die Mode naturgesetzlich zu organisieren. Theoretisch gesehen ist auch dieser Versuch gescheitert, spätestens seit die modischen Verwandlungsmöglichkeiten so zugenommen haben, dass man seinen Typ aus einem ganzen Sortiment wählen und auf Natur, Wesen und Bestimmung der Frau vollends pfeifen kann. Wo bleibt das Gesetz und wo die Vernunft? »Das Damenkleid allein nimmt für sich in Anspruch, sinnlos sein zu dürfen«, seufzte 1904 Alfred Mohrbutter, der dagegen vorgehen wollte. Peter Behrens, Henry van de Velde und andere versammelten sich, um dem Herausgeber von *Das Kleid der Frau* dabei zu helfen. Alle sahen mit einem Mal, »welche

Sinnlosigkeit sich auf den Kleidern unserer Frauen breitmachte, wie ärmlich diese Säumchen und Knötchen und Schleifchen aussahen, wie unecht, zwecklos und albern alles war. Auf den Kleidern waren Knöpfe, die keine Knopflöcher fanden, Knöpfe, auf denen eine Taube, eine Weintraube, Sterne oder ein Mädchenprofil zu sehen waren ... Wir erstaunten über uns selbst, dass wir solche Dinge jahrzehntelang ertragen konnten, nachdem wir nun endlich herausgefunden hatten, dass ein Frauenkleid auch sinngemäß, einheitlich wie ein Möbel, ein Teppich sein könne, sein müsse, dass es eine Idee, eine dekorative Idee zu verwirklichen habe ...« Die Frau als fixe Idee – dagegen rebellierte die Mode.

Der Text erschien im Oktober 1991 in der Nr. 510/511 des *Merkur*.

Weibliche Seilschaften
Von erfolgreichen Jungfrauen, Witwen und Freundinnen

Bei Hildegard von Bingen (1098–1179) findet sich etwas, das der Rarität halber in extenso zitiert werden soll, nämlich ein Beleg für genuine Männerfeindlichkeit. Wie sonst nur Kirchenväter und Professoren, wenn es um Frauen geht, stellt diesmal die berühmte Klosterfrau ihre Autorität und ihr Wissen in den Dienst ihrer Abneigungen und Vorurteile. Von den vier Typen von Männern, die es, den vier Elementen Wasser, Erde, Luft und Feuer entsprechend gibt, erregt der Melancholiker ihren ganzen Abscheu. »Es gibt Männer«, heißt es in *Causae et Curae*, »deren Gehirn ist groß und fetthaltig; sie haben eine düstere bis ausgelöschte Gesichtsfarbe, aber ihre Augen flammen mitunter auf wie kleine Schlangen ... sie haben ausgeprägte und harte Muskeln und einen ungeschlachten Knochenbau ... Im Verkehr mit Frauen sind sie derart wollüstig, dass sie sich wie wilde Tiere oder Reptilienzeug benehmen. Sie sind voll Bitterkeit, habgierig, ohne Weisheit und unmäßig in der geschlechtlichen Lust ... Wenn sie die Möglichkeit haben, mit Frauen fleischlich zu verkehren, beruhigen sie sich, aber ihr Beischlaf erzeugt zwiespältiges Vergnügen und ist für Frauen unangenehm, wild und widerwärtig, von einer geradezu lebensgefährlichen Art, denn sie führen sich auf wie reißende Wölfe.«

So weit und überraschend die Mystikerin vom Niederrhein über eine Spezies Mann, die doch wohl eher an die Kette gehört, damals so gut wie heute. Harmlos nimmt sich dagegen die Diagnose des notorischen Möbius (1853–1907) aus, der den Frauen doch bloß deshalb eine so magere Kopfkapazität nachsagte, um uns jede Hoffnung auf eine eventuelle Professorinnenlaufbahn oder gar den Ruhm einer Nobelpreisträgerin zu nehmen! Mit dem

Blick auf den *Who is who* einerseits und gewisse sexualpolitische Debatten andererseits, hier wenige Frauen, anderswo Belästigung sogar am Arbeitsplatz, kann man weder der Klosterfrau noch dem Professor eine gewisse Aktualität absprechen. Sind Männer Tiere oder Frauen wirklich dümmer? Die einen mögen das Lamento nicht mehr hören, das sich überallhin, und nun auch noch in jeden Winkel der Geschichte ergießt; die andern können nicht genug davon haben, weil jeder Übergang zur Tagesordnung sie erneut ins Unrecht zu setzen droht.

Überraschend ähnliche Auswege aus einem Beziehungsstreit mit anthropologischen Dimensionen weisen zwei thematisch einschlägige Bücher völlig entgegengesetzter Herkunft und Machart auf. Italienische Mediävisten haben acht Frauen porträtiert, die in einem großzügig vom 4. bis zum 14. Jahrhundert bemessenen Mittelalter gelebt und zumindest einige schriftliche Spuren hinterlassen haben [Ferruccio Bertini (Hg.), *Heloise und ihre Schwestern. Acht Frauenporträts aus dem Mittelalter*, München 1991]. Ein weiblicher Mediävist ist mit zwei Beiträgen über Hildegard von Bingen und Heloise an dem Unternehmen beteiligt. Ihr ellenlanger Name Mariateresa Fumagalli Beonio Brocchieri erinnert mich an die Sammlung weiblicher Doppelnamen, die Eckhard Henscheid einmal in boshafter Absicht begonnen hat. Der Protest gegen die historische Namenlosigkeit von Frauen und die Sorge, auch heute noch allzu leicht übersehen und übergangen zu werden, führt öfter zu einer wilden Akkumulation von Zeichen – und wenn es der Name eines längst verflossenen Ehemannes war, der mithalf, einen Platz zu besetzen, für den man allein noch zu ängstlich war. Eine Lösung, die nicht einmal den Namen der Notlösung verdient, folgt man Lillian Faderman, die den originellen Versuch gemacht hat, die Freundin der Frau als den maßgeblichen Faktor ihrer Emanzipation in einer breitangelegten Untersuchung nachzuweisen. Wen der lyrische Titel unangenehm an die Poesiealben des Backfischalters erinnert, dem sei gesagt, dass es sich um ein abgewandeltes Bibelzitat handelt.

»Es tut mir leid um dich, mein Bruder Jonathan«, klagt David um den Gefallenen, »deine Liebe ist mir sonderlicher gewesen, denn Frauenliebe ist.« (2. Samuel, 1, 26)

Fadermans Buch [*Köstlicher als die Liebe der Männer. Romantische Freundschaft und Liebe zwischen Frauen von der Renaissance bis heute*, Zürich 1990], das mit über zehnjähriger Verspätung, dank der Initiative der Schweizer Frauenszene nun übersetzt vorliegt, illustriert mit einer Fülle von Beispielen aus dem englisch- und französischsprachigen Raum, dass es vom 17. Jahrhundert bis heute eine Vielzahl von Frauen gegeben hat, die jeden Grund hatten, Davids Klage für sich abzuwandeln. Nicht alle waren so exzentrisch wie Edith Somerville, 34 Jahre lang nach dem Tod der Lebensgefährtin und Co-Autorin Violet Martin 1915 den übersinnlichen Verkehr mit ihr zu pflegen und auch weiterhin unter ihrer beider Namen zu veröffentlichen – Spezialität: irische Jagdgeschichten... Eine fast konventionelle Ehe dagegen hat Gertrude Stein mit Alice B. Toklas geführt – Gertrude führte das Wort, Alice war für ihre Küche berühmt. Dass Miss Stein seinerzeit in einem Florentiner Garten vor Alice auf die Knie gefallen und um ihre Hand angehalten hatte, kommt einem auf dem Hintergrund der vielen anderen Freundschaften und Liebesgeschichten, die Faderman heranzieht, schon fast zu normal vor. Wer nun vermutet, Fadermans Arbeit sei eine heute nicht mehr allzu skandalöse Chronik lesbischer Liebesverhältnisse, der irrt sich, oder, wie die Autorin sagen würde, der kennt weder die Frauen, noch weiß er, dass die Sexualität und der Zwang, sie auch dauernd zu praktizieren, Erfindungen der modernen Sexualwissenschaften sind, ohne die die Frauen vorher zumindest ebenso glücklich gelebt und geliebt haben. Denn was brauchten sie und was bot ihnen die Beziehung zu einer Frau oder zu mehreren Freundinnen? Fürsorge, Zärtlichkeit und Ermutigung bei ihren aus dem Rahmen einer sonst auf Ehe und Kinder fixierten Existenz herausfallenden Unternehmungen: reisen, schreiben, forschen, malen – kurzum, ein Leben zu führen, in dessen Mittelpunkt nicht ihre Anatomie stand. In einer normalen Ehe, zumal wenn sie mit Kindern zu einer Familie komplettiert ist, fand und findet bis heute kaum eine Frau die selbstlose Unterstützung und Entwicklungshilfe, die von ihr, im Rahmen traditioneller Arbeitsteilung zwischen den Geschlechtern, selbstverständlich erwartet wird. Fadermans Analysen bieten dennoch keinen weiteren Anlass zur Beschwerde, sondern laden dazu ein, über die sozialen Produktionskosten nichtroutinierter Leistung oder auch bloß von Individualität im pathetischen Sinn nachzudenken. Eine gerechte Verteilung von Kosten und Nutzen der Beziehungsarbeit ist für Frauen in gleichgeschlechtlichen Beziehungen jedenfalls leichter zu erreichen als anderswo – die von Faderman gesammelten Beispiele erfolgreicher und berühmter Damen und Freundinnen sprechen jedenfalls dafür.

Zufall oder nicht: Von den acht Frauen, deren Umriss dank detektivischer Kombinationskunst der italienischen Philologen wenigstens in Andeutungen sichtbar wird, ist keine das, was im heutigen Bewegungsjargon eine »Familienfrau« heißt. Egeria, die gegen Ende des 4. Jahrhunderts eine mehrjährige Reise zu den historischen Stätten des Christentums unternahm und darüber den Freundinnen daheim Berichte schickte, war eine wohlhabende Witwe. Baudonivia, vielleicht die allererste Schriftstellerin überhaupt, war um 600 Nonne in Poitiers geworden, wie Hrotsvith von Gandersheim Stiftsdame ebendort. Neben dem Fall des Lebens in jungfräulicher Gemeinschaft und der Witwenschaft kommt auch der Fall der getrennt lebenden Ehefrau vor: Unbestätigte Gerüchte wollten wissen, dass Dhuodas Gatte ein Verhältnis mit Kaiserin Judith hatte. Wie auch immer, sie fand in ihrer Einsamkeit Zeit und Muße, für ihren ersten Sohn einen geistlichen Ratgeber zu schreiben, was in der Mitte des 9. Jahrhunderts ein intellektueller Kraftakt gewesen sein muss, von dem man sich kaum noch eine Vorstellung machen kann. Auch wenn die Autoren des Sammelbandes sich explizit bemühen, die Verdächtigung ihres Arbeitsgebiets, des Mittelalters eben, als finster und nun auch noch als misogyn abzuschwächen, kann das kaum gelingen. Was ließe sich aus der Geschichte von Radegunde machen, die mir nichts, dir nichts als schönes zehnjähriges Mädchen von Chlothar, dem Merowingerkönig, als Kriegsbeute mitgenommen und geehelicht wurde! Und wie alle Merowinger, hatte auch Chlothar einen wirklich schlechten Ruf, was das betrifft. Was mehr einnimmt für dieses Buch aus Italien, ist die sozusagen rauhe Schreibweise aller Beiträger, die Streitpunkte nicht unterschlagen und offene Fragen auch offen lassen; außerdem ohne Scheu ihre Hauptpersonen selbst zu Wort kommen lassen, sodass die Exotik ihrer Vorstellungswelt sich jedem Leser aufdrängt und falsche Anbiederung unmöglich macht.

Auf Plato geht die Theorie zurück, dass die Gebärmutter ein Tier sei, das danach verlange, Kinder zu machen, und – falls es daran gehindert werde – anfange zu klagen, im Körper der Frau hin und her zu wandern und Krankheiten der verschiedensten Art zu erzeugen. Auch Trotula, eine Heilkundige des 11. Jahrhunderts, mit deren Namen man unter anderem auch ein Kosmetik-Lehrbuch in Verbindung gebracht hat, hing dieser Auffassung an, deren deutliche Spuren auch noch in Freuds Hysteriebegriff entdeckt werden können. Dass Kinderkriegen gesund und kein Hochleistungssport ist, glauben heute nur noch vereinzelte Hundebesitzer, die ihrem Tier wenigstens einmal diese natürliche Arznei zugutekommen lassen wollen. Wie sehr diese ganze Materie von männlichen Erlebnisweisen und Auffassungen durchdrungen ist, das zeigt Faderman mit ihrem zweiten Argumentationsstrang. Mag jeder sich davon überzeugen lassen, dass Freundschaften auch intensivster Art zu Zeiten strikter Geschlechtertrennung für Frauen der logische und legitime Ausweg aus ihrer Isolation sein mussten, so kommt diesen Beziehungen doch bloß der Wert von Notbehelfen zu. Man könnte vermuten und hat es auch getan, dass zum Notbehelf auch bloß Ersatzgefühle und falsche Leidenschaften gehören können, die sofort in sich zusammenfallen, wenn der richtige Mann auftaucht. Paradoxerweise hat die Unterschätzung der weiblichen Leidenschaft füreinander auch dazu geführt, dass im Unterschied zur geächteten männlichen Homosexualität die weibliche nie Gegenstand polizeilicher Verfolgung wurde; es sei denn, eine Frau versuchte, mit Männerkleidung auch die Männerrolle zu usurpieren. Ganz im Gegenteil wird der Anblick zärtlicher Freundinnen seit altersher als Aphrodisiakum zuschauender Männer benutzt und inszeniert. Zu den männlichen Weisheiten gehörte seit Rousseau auch die beruhigende Überzeugung, dass innige Mädchenlieben ein hervorragendes Gefühlstraining darstellen, dessen Nutznießer schließlich der jeweilige Ehemann sein würde. Letzten Endes, so argumentiert Faderman, waren Männer, jedenfalls in diesem einen Punkt, Opfer ihrer eigenen Vorherrschaft und ihrer Unfähigkeit, sich etwas anderes vorzustellen als sich selbst: Ist der Phallus nicht unentbehrlich? Und so kam es, dass zwei keineswegs zu Unrecht sexueller Umtriebe verdächtigte Lehrerinnen 1819 ihre Schadensersatzklage in England gewinnen konnten: Zwei Frauen in einem Bett – was konnte da passieren? Gar nichts, sagte das Gericht...

Trotzdem kein Anlass zur Schadenfreude, sagt Faderman. Der dämonisierte Lesbianismus in der Literatur des 19. Jahrhunderts von Gautier über Balzac zu Zola hat so wenig mit der Realität der Beziehungen zu tun, die Frauen miteinander eingehen, wie die Sexualwissenschaft, die auf die genitale Befriedigung, kurzum ein gesundes Sexualleben, abonniert ist und damit auch vorschriftlich Frauen in die Irre führt, die ganz andere Interessen haben.

Ich müsste lange nachdenken, um ein parteilich-feministisches Buch zu nennen, das so solide, material- und gedankenreich eingefahrene Vorstellungen aus dem Gleis wirft und die soziale Phantasie beflügelt.

Der Text erschien am 31.12.1991 unter dem Titel »Auf der Flucht vor reißenden Wölfen. Wenn Männer Tiere sind: Wie die Frauen des Mittelalters und der Renaissance der Hörigkeit entrannen« in der *Frankfurter Allgemeinen Zeitung*.

Wie man sich Frauen dachte
Die Kulturgeschichte des sexuellen Dimorphismus

Von wenigen Menschen abgesehen, deren Physis zweideutig ist, wissen wir alle, unter welche Kategorie wir fallen, auch wenn wir mit unserer unzufrieden sein sollten. Wir sind entweder Mann oder Frau, und die Meldebehörde verlangt es auch so. Je strikter das jeweilige biologische mit dem sozialen Geschlecht verlötet und dem ganz anderen gegenübergestellt ist, desto mehr gedeiht im Zwischenraum die Poesie des Geschlechtsunterschieds – unter Umständen bis dahin, wo man nur noch die völlige Unverträglichkeit feststellen kann. Männer und Frauen, befand Loriot einmal, passen einfach nicht zueinander. Die Liebe kann aber da, wo sonst ein Graben trennt, Brücken bauen, ein Kontinuum herstellen, wo getauscht und gehandelt wird. »If I were your girlfriend«, fragt Prince, diese Reinkarnation des Shakespearschen Puck, seine Freundin, darf ich dann alles tun, was sonst nur die Mädchen machen? So geht die raffinierte männliche Werbung ins identifikatorische Erleben des Frauseins über. Sollen wir so hybrid sein und glauben, diese und andere Formen, den Geschlechtsunterschied zu erkennen und aufzuheben, seien dem 20. Jahrhundert vorbehalten?

Dass Thomas Laqueur auf fast 300 Seiten [*Auf den Leib geschrieben. Die Inszenierung der Geschlechter von der Antike bis Freud*, Frankfurt/New York 1992] ununterbrochen in Sachen Unterleib, »Einfoppen des Bumm« (Eckhard Henscheid), weiblicher Orgasmus oder im Gegenteil Anästhesie in der philosophisch-medizinischen Bibliothek unterwegs ist, wo es natürlich keine Liebe gibt, macht die Lektüre zu einem pornographischen Abenteuer, mit all den Mühen, die damit verbunden sind, wenn man der Romantik zuneigt wie ich. Ohne Leidenschaft und Liebe betrachtet – und darum bemühten sich alle, von Aristoteles bis hin zu Theodor von Bischoff, der 1843 herzlos seine Hündin tötete, um dem Geheimnis der Ovulation auf die Spur zu kommen – lähmt der Anblick des weiblichen Genitales die Vernunft. Der männliche Blick erstarrt und leugnet, dass Frauen schlichtweg anders gebaut sind – was auch immer Embryologen und Histologen über den gemeinsamen Ursprung oder die Verwandtschaft einzelner Organe oder Hautfalten zu Protokoll geben.

Angesichts dieser gewissermaßen ewigen Problemlage kann man es Laqueur durchaus nachsehen, dass seine Pionierstunde über die Kulturgeschichte des sexuellen Dimorphismus den Leser nicht nur schwindlig, sondern auch ein wenig ungeduldig macht. Es muss doch wohl am Gegenstand liegen, wenn die Souveränität des Autors so oft in Wiederholungen und anekdotischem Sammelsurium untergeht, um dann unvermutet in witzigen Formulierungen und schlüssigen Deutungen wieder aufzutauchen.

Dabei ist das Grundmuster so einfach wie niederschmetternd. Man muss davon ausgehen, dass das sexuelle Geschlecht genauso eine Konstruktion ist wie das soziale. Die Unterstellung des gesunden Menschenverstands, dass die wenig beneidenswerte Stellung der Frauen in Geschichte und Gegenwart, die Konstruktion ihres sozialen Geschlechts, doch immerhin auf einer Naturbasis ruht, die nur allzu exzessiv und extrem ausgelegt worden ist, Fehler, von denen wir uns heute freigemacht haben – diese gutwillige Unterstellung ist illusionär. Der weibliche Körper – und nur der stellt Fragen, der männliche versteht sich immer von selbst – hat kein Geschlecht, das wird ihm auf den Leib und in den Leib hineinprojiziert. Dabei stehen zwei Modelle bereit, eins, das von der Antike bis ins 18. Jahrhundert vorherrschend war, und ein modernes, das die Mediziner entwickelt haben. Um ihre Bewertung vorwegzunehmen: Ich möchte zwischen beiden nicht wählen müssen. Neue Sichtweisen des Körpers, schreibt Laqueur schon ganz am Anfang, sind keine Folge eines irgendwie gearteten wissenschaftlichen Fortschritts, sondern das Ergebnis politischer und epistemologischer Veränderungen. Das antike Modell besteht aus einem Kontinuum des Männlichen – man könnte auch von einer biologisierten Hierarchie sprechen. Danach sind Frauen Männer, deren Genitalapparat ins Innere des Körpers verlegt und auf den Kopf gestellt worden ist. Weibliche Organe, für die sich keine männliche Analogie finden lässt, werden nicht gesehen und bleiben buchstäblich wortlos. Wie kommt es zu diesem Modell? Vormoderne Wissenschaft deduziert aus metaphysischen Gegebenheiten mit den Mitteln der Logik den Sollzustand der Wirklichkeit. Sieht sie anders aus als vorgeschrieben, umso schlimmer für sie. Dazu kommen zum Beispiel bei Isidor von Sevilla, der im 7. Jahrhundert eine Kompilation antiker Weisheit vornahm, Denkgewohnheiten, die wir heute allenfalls Grundschülern noch nachsehen würden. Kann man gleichzeitig den männlichen wie den weiblichen Samen für den wichtigsten halten? Dabei muss man natürlich wissen, dass »weiblicher Same« keine Metapher für Ovulation und die Vorräte des Eierstocks ist, Geheimnisse, die erst vor wenigen Jahrzehnten gelüftet worden sind.

Das Verfahren macht aber den Tenor der Ergebnisse, die beim zweiten Modell nicht anders ausfallen, noch nicht verständlich. Welche Erklärung bietet Laqueur an? Das Patriarchat, das ja zwei soziale Geschlechter kennt, konstruiert dazu nur ein biologisches, männliches, gerade weil der väterliche Anspruch auf das Kind auf bloßen Vermutungen, nicht auf Evidenz beruht und in jedem Fall, vergleicht man ein Baby mit dem Ejakulat, nicht besonders eindrucksvoll begründet werden kann. Warum der Uterus auch gestaltmäßig ein Penis sein muss, ist damit aber nicht erklärt. Der Freudianer denkt an die kindliche Sexualtheorie vom mütterlichen Phallus, die nur schwer und mit weitreichenden Folgen für die Sexualentwicklung aufgegeben wird. Vieles, was Laqueur auch bei berühmten Autoren über Sexualität gesammelt hat, erinnert wirklich an Kindertheorien oder doch jene

Folklore, die sich nach wie vor um die männliche Potenz, den weiblichen Orgasmus, den Männer- und Frauenverbrauch der Medienstars und die Beischlaffrequenz deutscher Paare herumentwickelt.

Das moderne Modell mit zwei biologischen und zwei sozialen Geschlechtern, die nahtlos aufeinanderpassen, scheint realistischer als das antike, ist es aber nicht. Gewiss, vorbereitet von der militanten Empirie der Renaissance lernt man besser sehen, und die anatomischen Gegebenheiten klären sich allmählich. Aber dieser Refrain durchzieht Laqueurs Buch, Fakten spielen keine Rolle bei der Konstruktion der sexuellen Differenz. Die Berufung auf die Natur, die nicht nur Mensch und Tier, sondern auch Pflanzen als Geschlechtswesen männlicher und weiblicher Art ausweist, will nur den sozialen Geschlechtern unter veränderten politischen Bedingungen eine neue Grundlage geben. Weil die weibliche Sexualität kein Ableger der männlichen mehr ist, verwandeln sich die bisher noch sinnlichen Frauen in leidenschafts- und begierdelose Wesen, bestens geeignet, den Mann zu versittlichen und unschuldige Kinder anzuleiten, wie Rousseau es ja im *Emile* vorgedacht hat. An den Fürstenhöfen, Laqueur erwähnt den von Franz I., erfindet man das Wesen der Geschlechter, weil ehemalige Krieger sich über ihr eigenes nicht mehr im Klaren sind. Sie müssen darüber reden – wie ja das Bedürfnis, redend das Wesen der Geschlechter überdeutlich voneinander abzusetzen und entgegenzusetzen, uns bis heute nicht verlassen hat. Aber weder redend noch philosophierend noch forschend ist der Wesensunterschied zu ergründen: Er wird nur fortgesetzt und erhalten als ein unverzichtbares soziales Konzept.

Die sexuelle Dichotomisierung im Verein mit den zahlreichen Entdeckungen der Mediziner am und im Körper der Frau führte nun keineswegs zur Anerkennung des weiblichen Menschen als eines anderen und dennoch gleichen; denn, wie der Autor sich vornehm zurückhaltend ausdrückt, durch diese Entdeckungen wurde die Körperlichkeit der Frau dem 19. Jahrhundert zu einer schweren kulturellen Last. Sage ich es deutlicher: Frausein war mehr Krankheit als anatomisches Schicksal. Die Ärzte legten weiblichen Organen oder schlichten Abläufen wie der Menstruation dramatische Bedeutungen zu, die schnell den Operateur auf den Plan riefen. Tausendfach schritt der Entdecker der Ovarien zur »Kur der Weiblichkeit« und entfernte sie – ohne auch nur ihre Funktion schon begriffen zu haben. Nicht an der sinnlosen Operation, wohl aber an der folgenden Sepsis soll ein Drittel der Frauen gestorben sein.

Laqueurs Buch untersucht nicht das Verhältnis von Körper und sozialem Geschlecht von der Antike bis Freud. Er zeigt, welchen Sinn Philosophen, Theologen, Ärzte und moderne Wissenschaftler dem sexuellen Dimorphismus gegeben haben, damit sich an dem, was man der Kürze halber Patriarchat nennen mag, nichts ändert. Es ist erneut ein Buch über das andere Geschlecht. Vielleicht fehlt es schlicht an Stoff für ein zweites über die Männer, die sich gern in herrscherliches Schweigen hüllen, sodass wir auf das Entziffern der Projektionen angewiesen sind, um nun unsererseits ein wenig Oberwasser zu gewinnen. Darüber hinaus nährt Laqueurs Untersuchung meine Wissenschaftsskepsis da, wo es um Fragen der Sexualität geht. Sie zu beantworten, reicht das Bemühen um wissenschaftliche Objektivität nicht hin. Man braucht auch Lebenserfahrung und ein wenig Glück.

> Der Text erschien am 25.08.1992 unter dem Titel »Auf den Leib geschrieben. Thomas Laqueur: ›Die Inszenierung der Geschlechter‹« in der *Frankfurter Rundschau*.

Die Geheimnisse des Wäscheschranks
Erkenntnisse über den Fortschritt zur maßgeschneiderten Ehe

Ein Buch, das man dem theoretisch versierten soziologischen Feinschmecker ebenso nachdrücklich empfehlen wie jungen Paaren zur witzigen Vorbereitung auf die Probleme moderner Dauerbeziehungen schenken kann, ein solches Buch ist eine Rarität und ein Glücksfall. Aber nicht nur Feinschmecker und Heiratslustige, auch Jugendforscher, Psychotherapeuten und Frauenbeauftragte dürften wissenschaftlich erfrischt und angeregt aus der Lektüre einer Untersuchung hervorgehen, die sich eigentlich – der Titel trügt nicht – mit schmutziger Wäsche befasst; des Weiteren aber auch den Generationskonflikt, *grunge* als Lebensstil und Moderichtung, das Wesen der Liebe, der Hausarbeit und die Tiefenstruktur des Konservatismus erhellt, der Männer und vor allem Frauen daran hindert, ihr Ideal der Gleichheit auch zu praktizieren, und zwar gerade da, wo die Ungleichheit des Geschlechts die Voraussetzung des Zusammenlebens abgibt: in der Ehe.

An 20 Paaren zwischen 19 und Mitte 50, Studenten, Arbeiter, Pädagogen und Polizisten, die er über einen Zeitraum von zwei Jahren hin befragt hat, demonstriert Jean-Claude Kaufmann Sozialforschung der feinen Art [*Schmutzige Wäsche. Zur ehelichen Konstruktion von Alltag*, Konstanz 1994]. Er braucht 20 Fälle und nicht einen mehr, um die Welt der Ehe- und Emanzipationsforschung zu ändern. Diese Leistung imponiert umso mehr, als gleichzeitig mit der deutschen Übersetzung des 1992 erschienenen französischen Originals eine Auftragsstudie des Familienministeriums publik wurde, deren bünzlige Methodologie zu sicheren, aber sonderbaren Ergebnissen und dennoch trivialen Schlussfolgerungen geführt hat. Das Zeitbudget der Deutschen weist einen abenteuerlich hohen Anteil für »Putzen, Spülen, Kochen« (in dieser Zusammenfassung) nach und einen minimalen für die Pflege von Kindern, Kranken und Alten. Berufstätige kinderlose Ehepaare sollen im Schnitt täglich acht Stunden Hausarbeit leisten, und, wie erwartet, sind die Frauen fast doppelt so fleißig wie die Männer. Eine Mahnung an diese also, sich mehr zu engagieren oder die emphatisch als »unbezahlte Arbeit« titulierte Hausarbeit endlich ins System der Lohnarbeit zu integrieren? Dann allerdings müsste ein gesellschaftlicher Konsens über verbindliche Minimal- und Maximalstandards beim Kochen, Putzen, Spülen hergestellt werden und ihre Einhaltung einer Prüfung offenstehen. Eine radikale, aber lebensfremde, um nicht zu sagen lebensfeindliche Konsequenz, zu der die Studie indirekt anleitet.

Für Jean-Claude Kaufmann dagegen eignen sich Art und Umfang der Haushaltsarbeit nicht für schlichte Rechenexempel. Für ihn ist der Haushalt eines Paares das wichtige Handlungsfeld, in dem die Beziehung zweier anfänglich bloß Verliebter sich schrittweise konstituiert und über die Entwicklung von Regeln und Gewohnheiten Ehe als Alltag umso nachdrücklicher schafft, als diese sedimentierten Gewohnheiten Trivia betreffen, die der Reflexion des Einzelnen, gar der Diskussion mit dem Partner entzogen sind. Ja, am Ende seiner Untersuchung stellt Kaufmann sogar fest, dass Paare zwar unaufhörlich miteinander reden, dabei jedoch die Probleme, die sie miteinander haben, nur selten berühren. Junge und alte Paare funktionieren im Kern über das Schweigen und die Kunst der kleinen Rache nebenbei. Ein schwerer Schlag für alle, die in der expliziten Auseinandersetzung das Mittel der Wahl sehen, eine authentische Beziehung zu leben. Am Anfang möglicherweise und am Ende einer Beziehung muss leider über alles geredet werden. Im glücklicheren Fall entwickelt sich zwischen zwei Individuen, die zusammenleben, ein Gespinst von Anpassung, Kompromiss, Innovation und Kompensation in biographischer Perspektive – niemand zieht zusammen, um sich zu trennen – das es gar nicht mehr erlaubt, Probleme zu Diskussionszwecken und entscheidungsfähig zu isolieren.

Kaufmanns Studie knüpft an den soziologischen Konstruktivismus von Erving Goffman, Peter Berger und Thomas Luckmann an, den er durch seine originelle, fast humoristische Empirie verfeinert und mit beherzten Deutungen vom Ruch des Glasperlenspiels befreit. Der Umgang eines Paares mit der Wäsche – wann ist sie schmutzig, wer wäscht und bügelt, wer räumt sie weg – wird ihm zum Passepartout, das ihm die Ablösungsprobleme Jugendlicher vom Elternhaus, die Konstruktion harmonischer Beziehungen in der Ehe und die Art und Weise zugänglich macht, in der das allgemeine Gleichheitsideal von der nachhinkenden Praxis desavouiert wird. Nicht bloß von Männern, die sich falsch verhalten, sondern auch von Frauen, denen ihr Verhaltenskapital, ihr Können und Wissen zum Bösen ausschlägt.

Wenn junge Paare zusammenziehen, wollen Frauen dieses Verhaltenskapital einsetzen. Es bricht der »Haushaltsfimmel der ersten Stunde« aus. Geht der Partner auf dieses entlastende Angebot ein, sitzt die Frau, entgegen ihren Absichten, schnell in einer Falle, aus der sie sich durch einfache Umentscheidung nicht befreien kann; denn es sind ja die interaktiv entwickelten Gewohnheiten, die zwei Liebende zum Paar vereinheitlichen. Eine Gewohnheit ändern heißt deshalb auch immer, die Konstruktion des Paares zu gefährden. Warum tappen Männer nie in diese Falle? Sie haben hinsichtlich der Haushaltsordnung bloß Modellvorstellungen, aber so gut wie nie eine Praxis, die sie in die Beziehung einbringen könnten. So kommt es, dass die Kosten des Ehelebens immer noch die Frauen tragen, obwohl beide Geschlechter der Idee der Gleichheit anhängen. Sie zu verwirklichen, bemühen sich die Frauen in einem einsamen Kampf gegen sich selbst: Die Liebe zur schönen Wäsche – sie steht Pars pro Toto für alle Verlockungen zur perfekten Haushaltsführung – lässt sich schwer abtöten, trotz Mehrarbeit und Freizeitminderung. Auf der andern Seite steht aber längst nicht mehr der Pascha,

Patriarch oder Macho, den der Vulgärfeminismus à la Schwarzer immer noch beschwört, sondern als gesellschaftliche Kategorie und Bestandteil eines historischen Transformationsprozesses hin zu einer Gesellschaft egalitärer Individuen der chronisch schuldbewusste Mann. Während er sich für das entschuldigt, was er nicht tut, rationalisieren Frauen, die hinter ihre Selbsterwartung zurückgefallen sind und zu viel tun, diesen Zustand als Folge einer freien Entscheidung. Kaufmann prognostiziert eine Verlangsamung des Modernisierungsprozesses, der die Beziehungen zwischen den Geschlechtern so dramatisch verändert hat. Haben sich nämlich Gleichheit und Gleichberechtigung als Idee und Ideal längst durchgesetzt, dann bleibt der Widerstand des Konkreten. Der gesellschaftliche Zwang ist nichts von außen Auferlegtes mehr und deshalb leicht abzuschaffen, sondern kommt von innen, ist in Individuen zäh verkörpert und durch Gesetze nicht mehr zu beeinflussen.

Warum nehmen es Menschen auf sich, über schmutzige Wäsche zu streiten? Die Paarbildung – nicht notwendig die Phantasie, sich fortzuzeugen – scheint ein archaisches Muster menschlicher Existenz, das jeder nicht nur erfüllen möchte, sondern mit der Vorstellung des evidenten Glücks ausstattet. Die Ökonomie von Paarbeziehungen beruht heute nicht mehr auf Tausch und Abrechnung, sondern auf Selbsthingabe, die Gegengabe provoziert, aber nicht vorschreibt. Deshalb sind Abrechnungen der Art, wie sie das Familienministerium hat anstellen lassen, so sinnlos und politisch unproduktiv.

Kaufmanns elegante Studie über Verliebtheit, die auf Dauer zielt, ohne sich auf konventionelle Muster verlassen zu können, weist dagegen wirklich in die Zukunft. Er ist ein Pionier der neuen Subtilität, die Pragmatik nicht aus- sondern einschließt.

Der Text erschien am 24.11.1994 unter dem Titel »Schweigen ist Glück. Jean-Claude Kaufmanns Soziologie der ehelichen Haushaltsarbeit« in der *Frankfurter Allgemeinen Zeitung*.

Im Quotenfieber

Die öffentlichen Reaktionen auf das Urteil des Europäischen Gerichtshofs in Sachen Frauenquote waren von einer Einhelligkeit, die heute nur noch den verblüffen kann, der das Attribut »frauenfeindlich« noch nicht als die Allzweckwaffe erkannt hat, zu der es längst geworden ist. Wer es zuerst ausruft, hat schon gewonnen im Kampf um die öffentliche Anerkennung als *fighter* für die Sache der Unterdrückten und Entrechteten. Zu dieser Spezies sollen Frauen ja gehören, immer noch, 80 Jahre nach ihrer Zulassung zum Universitätsstudium, 70 Jahre und ein paar Zerquetschte nach der Zuerkennung des Wahlrechts. Gleichstellungsgesetze und eben die Quote sollen nun dem katastrophalen gesellschaftlichen Missstand abhelfen, dass, wie Beschäftigungsstatistiken beweisen, Frauen in gesellschaftlichen Macht- und Führungspositionen immer noch hoffnungslos unterrepräsentiert sind. Die Quote, die Bevorzugung von Frauen bei der Vergabe von Ämtern und Würden soll dieser schreienden Ungerechtigkeit gegen das weibliche Geschlecht nun mit ein wenig Brachialgewalt abhelfen. Was so allgemein einleuchtet, muss trotzdem nicht richtig sein.

Was sagt nicht das weibliche Geschlecht, das unter 5000 Jahren Patriarchat zu leiden hatte, sondern was sagen die Frauen heute zur Quote? Als das Luxemburger Urteil publik wurde, traf ich zufällig mit zwei Oberschülerinnen zusammen, die Berlin einen Besuch abstatteten. Ich beobachte ihre Entwicklung seit vielen Jahren, durchaus mit parteilichem Interesse und Wohlgefallen. Sie finden die Quote doof. Ja, sagte Lisa, früher wäre eine Quote vielleicht in Ordnung gegangen, aber sie seien schon Töchter von berufstätigen Müttern und wüssten, worauf es ankäme. Ihr Selbstbewusstsein entspräche nicht mehr dem eines Kaninchens. Kenne ich die falschen Mädchen und auch die falschen Frauen?

Ältere Berufstätige, keineswegs nur Ost-Frauen, die für ihren selbstbewussten Trotz inzwischen berühmt sind, wollen keinesfalls als Quotenfrau Erfolg haben. Frauenbeauftragte wissen ein Lied davon zu singen, dass kaum eine Frau einmal bereit ist, ihr Quotenrecht einzuklagen. Kennen sie ihre Rechte nicht, oder sträuben sie sich, persönlichen Ehrgeiz auf dem romantischen Ticket der Gerechtigkeit der Geschlechter zu befriedigen? Politiker und auch Politikerinnen sollten endlich zur Kenntnis nehmen, dass Frauen, auch solche, die Probleme haben, Kinder und Beruf unter einen Hut zu bringen, keinen Wert darauf legen, als Kaninchen behandelt zu werden. Frau ist in keiner angenehmen Lage, wenn sie sich sagen muss, dass ihre Qualitäten im Erfolgsfall weniger zu Buche geschlagen haben sollen als ihr Geschlecht. Für das sie nichts können, das ihnen zugefallen ist. Wie den Männern das ihre. Denn eigentlich war das Urteil des Europäischen Gerichtshofs ganz vernünftig. Es machte geltend, dass in der Konkurrenz um einen Chefposten – wie manchem vielleicht noch erinnerlich, ging es um die Leitungsfunktion im Bremer Gartenamt – eine Frau nicht wegen ihres Geschlechts dem männlichen Bewerber vorgezogen werden dürfte. Das politische Ziel, die Unterrepräsentation von Frauen in gesellschaftlichen Macht- und Führungspositionen, ihre allgemeine Benachteiligung überhaupt zu beheben, dürfe die Rechte eines einzelnen Mannes im besonderen Fall, und um einen solchen handelt es sich ja immer, nicht verletzen. Anders gesagt, Herr Müller oder wie immer er auch heißen möge, kann hier und heute nicht persönlich für die Folgen von 5000 Jahren Patriarchat haftbar gemacht werden; Folgen, die er persönlich vielleicht ebenso verurteilt wie Kanzler Kohl, der sich ja inzwischen auch als Quotenverfechter geoutet hat, weil, was den Zustand der Partei betrifft, mildere Formen der Kompensation, Aufrufe und Appelle bislang nichts geholfen hätten.

Rechts- und Verfahrensweisen, die historisch mühsam erworben wurden, solche, die wenigstens im Prinzip die Gleichheit aller vor dem Gesetz vorsehen, egal, welche Haut- und Haarfarbe sie nun haben oder aus welcher Familie sie abstammen und welchen Dialekt sie sprechen, sie sollten uns teuer sein, teurer, als in dem Aufschrei »frauenfeindlich« und mit dem Verweis auf Statistiken mir jedenfalls kürzlich erkennbar war. Wenn das Geschlecht eines Menschen ihm nicht zum Nachteil, so soll es ihm doch auch nicht zum Vorteil dienen. Eine Mahnung aus dem Geist philosophischer Weisheit mag ja heute, wo es um Quoten, Einschaltquoten und Gutmenschenquoten geht, leicht abgehakt werden. Deshalb hake ich noch einmal nach.

Frauen, die im Allgemeinen über den Sinn der Quotierung nachzudenken bereit sind, wollen persönlich nie und nimmer Quotenfrau werden. Feministinnen, die die Quotierung fordern, müssen sich aber endlich auch darüber klarwerden, dass nur Vater Staat bei der Vergabe von Chefetagen die Chance hat, Frauen zu bevorzugen. In der Wirtschaft sonst haben Frauen, die Kindererziehung und Großelternversorgung als Teilqualifikation vorzuweisen haben, keine Chance. Im öffentlichen Dienst, da mag alles möglich sein. Es kostet viel, das ist abzusehen, und dass die Klientenfreundlichkeit im Zeichen von Mutterschaftsurlaub, Teilzeitregelungen, Beurlaubungen und dergleichen mehr weiter sinken wird, ist ebenfalls klar. Aber auch Frauen sind unmittelbar betroffen. Welche kinderlose Lehrerin möchte ewig bei der Stundenplanplanung das Nachsehen haben? Oder so tun, als wären die Kinder der Kollegen ein Unglücksfall, zu dessen Kompensation sie das ihre beizutragen hätte? Als kinderlose und nicht gehandicapte Berufstätige? Das Luxemburger Urteil sollte uns motivieren, über den Wert der Frauen und der weiblichen Arbeit noch einmal anders nachzudenken und uns nicht bloß darüber zu erregen, wer wo als Chef das Sagen hat ... Die Quotenregelung betrifft die Chef-Etage und alle, die dort Einzug halten wollen. Ich halte natürlich jeder Frau die Daumen – einfach so, aus schwesterlicher Solidarität –, aber weiter gehe ich nicht.

Der Text wurde im Oktober 1995 im *Deutschlandradio* gesendet.

Feminismus als
Import- und Exportartikel

Obwohl ich aus kritischer, aber auch engagierter Distanz seit vielen Jahren die Entwicklung der deutschen Frauenbewegung beobachtet habe, wäre ich bis vor kurzer Zeit nicht auf die Idee gekommen, mich als Feministin zu bezeichnen. Ehe mich eine zufällige Begegnung mit zwei Italienerinnen besser belehrte, verstand ich unter Feminismus das, was alle Welt darunter zu verstehen schien, was aber in Wirklichkeit bloß ein außerordentlich erfolgreicher Importartikel aus den USA war. Feminismus wäre demnach eine informelle, aber solidarische und kämpferische weibliche Leidens- und Interessengemeinschaft, deren Existenzberechtigung ich grundsätzlich wohl einsah, ohne aber je die geringste Lust verspürt zu haben, mich an ihr zu beteiligen. Einesteils schien sie mir kein guter Nährboden für meine exzentrische Intellektualität, meine Neigung zum Grübeln auf der einen, zum Enthusiasmus auf der andern Seite. Frauen, welche die Existenz des Freudschen Penisneids am vehementesten abstritten, zeigten nach meiner Erfahrung immer die größte Leidenschaft für kastrative Akte der Nivellierung, Einschüchterung und bei der Verfolgung individueller Abweichler. Andernteils konnte ich nie glauben, dass meine deutlich empfundenen Schwächen, auf den Markt getragen und mit denselben der anderen Frauen addiert, sich in Stärke verwandeln würden. Andere mögen andere Erfahrungen gemacht haben, ich behaupte, und fühle mein Urteil durch die Entwicklungen der letzten Jahre bestätigt, dass kollektivierte Frauenleiden und Frauenschwächen sich in bodenlose Wut, aber niemals in beständige, kreative Prozesse transformieren lassen. Das ist aber das Problem des Feminismus, wie er aus den USA nach wie vor exportiert und in Deutschland auch praktiziert wird. Kaum eine Frau kann aber ununterbrochen wütend sein, und deshalb sind die meisten ja auch in ihren nicht-feministischen Alltag nach kurzer Zeit zurückgekehrt. Andere haben versucht, der Wut immer neue und krassere Anlässe zu liefern. Der große Stellenwert, den sexuelle Gewalt für die Frauenbewegung in den USA und den protestantisch geprägten europäischen Ländern hat, rührt daher, dass man mit der ideologischen Inszenierung schrecklicher, aber doch singulärer und allgemein verabscheuter Verbrechen die nackte Wut als Bewegungskitt und Handlungspotential immer neu erzeugen kann. Oft habe ich den Eindruck, dass inzwischen sexuelle Gewalt das einzige Thema einer Bewegung ist, die, mit tatkräftiger Unterstützung der Massenmedien und dank des populistischen Entgegenkommens vieler Politiker (von links bis rechts), die Frauen ganz aus den Augen verloren hat. Während in Washington die Yale-Absolventin Anita Hill ihren ehemaligen Chef und Protektor Clarence Thomas wahrscheinlich sogar zurecht beschuldigte, zehn Jahre zuvor im Büro schmutzige Reden geführt zu haben, und die ganze Welt Anteil nahm an diesem Spektakel, hatten 26 verbrannte Fabrikarbeiter in einer Kleinstadt, die meisten von ihnen weiblichen Geschlechts und/oder schwarz, keine Chance, politisch beachtet zu werden. Lynne Segal hat kürzlich behauptet, dass die Früchte, die der Feminismus in den USA gesät hat, nur denen zugute gekommen seien, die ohnehin zum privilegierten oberen Segment der Gesellschaft gehörten. In Deutschland deuten sich ähnliche Entwicklungen in der Debatte um die Quote an. Dabei wird von mir und allen anderen Frauen ja im Grunde verlangt, wir sollten uns für die paar Leute ins Zeug legen, die in den Führungsetagen der Gesellschaft Karriere machen wollen (und können), und ich darf mit allen übrigen glauben, dass so der Fortschritt für Frauen aussieht: ein weiblicher Chef, eine weibliche Präsidentin usw.

In Italien, wo zumindest ein prominenter Teil der Frauenbewegung eine unabhängige, selbständige Entwicklung genommen hat, sodass der überall angelsächsisch eingefärbte jeweilige nationale Feminismus zumindest eine konkurrierende Alternative hat, habe ich aus Gründen, die ich nun angedeutet habe, keine Schwierigkeiten, mich selbst als Feministin und nicht bloß als Beobachterin der Frauenbewegung zu bezeichnen. In den vergangenen zwei Jahren, wo ich versucht habe, die Theorie und Praxis des italienischen Feminismus nachzuarbeiten und mit meinen bisherigen Beobachtungen zu vermitteln, habe ich mir vor allem zwei Fragen immer wieder gestellt, deren Beantwortung vielleicht auch für andere interessant sein könnte. Erstens, warum ist es so schwer, wie die Entwicklung gezeigt hat, fast unmöglich, die Theorie und Praxis der Differenz und des *affidamento* (nehmen wir diese Begriffe Pars pro Toto) außerhalb Italiens verständlich oder sogar so populär zu machen, wie die Stichworte und Parolen, die seit vielen Jahren über den Atlantik zu uns transportiert werden? Ich erinnere an den »Weiblichkeitswahn«, an »gender«, »backlash« und »Women Studies«, aber auch an »Frauen, die zu viel lieben« und tausend andere »Selbsthilfe«-Bücher. Zweitens (in umgekehrter Richtung gefragt), worauf beruht der internationale Erfolg des amerikanischen Feminismus?

Zur Beantwortung der ersten Frage habe ich nachgelesen, wie die deutschen Übersetzungen der Bücher aus Mailand und Verona in der Presse und in Fachjournalen rezensiert worden sind. Ich wollte natürlich auch wissen, warum mich diese Rezensionen nie auf die Idee gebracht haben, mich um den italienischen Feminismus zu kümmern, obwohl er, wie ich nun weiß, für mich der eigentlich interessante und produktive ist. Die immer wieder vorgebrachte Kritik am Biologismus des Differenzdenkens, am Mutterkult, am unpolitischen Separatismus las sich immer ganz plausibel, erfasste aber nicht den originellen Kern der italienischen Frauenbewegung, der es geglückt ist, nicht bloß zu agieren, sondern sich selbst zu beobachten, einen der Freudschen Selbstanalyse vergleichbaren, Wissen produzierenden Prozess einzuleiten und so einen verlässlichen Rahmen zu erzeugen, innerhalb dessen die ewige Konfusion vermieden werden konnte, welche sonst den Feminismus in Praxis und Theorie kennzeichnet, der nirgends über Spontaneismus und dazugehörigen Opportunismus hinausentwickelt worden ist. Weder in den USA noch in Deutschland gibt es ein Buch, das so aufrichtig und lehrreich Bilanz zieht wie es die Mailänderinnen 1987 getan haben. Die Verwunderung darüber ist ausgeblieben, und an ihrer Stelle hat man das getan, was hier gern mit politischer Praxis und sozialem Engagement verwechselt wird: Man hat akademische Diskussionen über den allein selig machenden Weg geführt, und was dabei herauskommt, sind allenfalls akademische Karrieren, schlimmstenfalls bloß Spaltungen, Ausschlüsse, Verfluchungen – kurzum, sektiererische Politik, wie sie schon aus den Hochzeiten des Marxismus-Leninismus bekannt genug ist. Nirgendwo sind zusammen mit den Ambitionen wie in Italien auch soziale Phantasien und Praktiken entwickelt worden (wie in *affidamento*), die von der innovatorischen Kraft der Frauenbewegung zeugen. Meine Frauenbeauftragte, meine Frauenministerin usw. – sie zeugen alle bloß von der Effizienz der Verwaltung im aufgeklärten preußischen Absolutismus, aber bestimmt nicht von den glorreichen Zeiten, in denen die weibliche Freiheit Wirklichkeit ist...

Komme ich zur zweiten Frage, warum der amerikanische Feminismus so ein exzellenter Exportartikel ist, im Unterschied zum italienischen, der eine Tendenz zum Bodenständigen und zur Abhängigkeit von der ganz persönlichen Vermittlung hat. Würde ich ein Buch über die deutsche Frauenbewegung schreiben, für die Frauen, aber gegen unseren einheimischen Feminismus, wenn ich Traudel Sattler und Veronika Mariaux nicht im Oktober 1993 in Kassel getroffen hätte? Ich hätte, da bin ich sicher, immer weiter herumgemotzt, von außen und irgendwo daneben, enttäuscht und frustriert. Nie hätte ich aber den Mut gehabt, mich als Feministin zu outen, auch im Gegensatz zu denen, die mich als Kritikerin des herrschenden Feminismus am liebsten zur Persona non grata machen würden. Der Erfolg des nordamerikanischen Feminismus (man kann ihn für meine Zwecke schon über einen Kamm scheren) beruht nach meiner Überzeugung auf einer Schwäche, die in Italien die Stärke des Feminismus begründet. Selbstanalyse, gar Selbstkritik liegt der amerikanischen Frauenbewegung so fern wie der deutschen. Beide zehren von den beachtlichen Effekten, die Vorwürfe an die Männer und Feindbildinszenierungen in einer puritanisch-protestantischen Kultur erzielen, in der Schuldgefühle am Bodensatz der Zivilisation liegen. Das erklärt, warum Männer, die sie bislang tragen, diesen Feminismus akzeptieren und sogar fördern. Sie sind Frauen, von denen sie das schmutzige Zugeständnis der Sexualität verlangen, zu jeder Dienstleistung verpflichtet – auch zur Bestallung einer Frauenbeauftragten, ja, selbst zur Quotenregelung. So wird die weibliche Unfreiheit mit kavaliershaften Zugeständnissen auf Dauer gestellt. Was will das Weib? So fragte Freud als avanciertester Nachdenker über die Frauenfrage. Es ist das große Verdienst der italienischen Feministinnen, dass sie, im Unterschied zu den Amerikanerinnen, sich diese Frage selbst angeeignet haben. Die Antwort ist offen.

Der Text erschien im März 1996 in der Nr. 25 der *Via Dogana*.

Viel Lärm um fast nichts
Hat sich der Feminismus selbst abgeschafft, oder brauchen wir einen anderen, besseren? Einfälle einer späten Seiteneinsteigerin

Darf ich überhaupt mitreden? Obwohl ich nämlich im besten Frauenbewegungsalter war, kaum jünger als die Frau, die 1968 die Tomate geworfen hat, mit der angeblich alles anfing – ich kannte sie sogar persönlich und war Mitglied im selben radikalen Studentenverband in Berlin –, trotz bester Voraussetzungen also, habe ich nie mitgemacht. Eine Weile allerdings hatte die Frauenbewegung in mir eine aus der persönlichen Distanz wohlwollende Unterstützerin. So manche Freundin und Bekannte habe ich herzhaft in ihren feministischen Neigungen gefördert, weil ich immer wieder begriff, dass nicht jede so viel Talent zum hartgesottenen Einzelgängertum haben konnte wie ich selbst. Wer sich von einer konventionellen Mädchenerziehung und dem daraus resultierenden Zwang zur Nettigkeit gelähmt fühlte, der brauchte eben die Selbsterfahrungsgruppe, um das Neinsagen zu lernen. Ich hatte mehr Glück gehabt und außerdem in jungen Jahren Simone de Beauvoirs Untersuchung über das *Andere Geschlecht* in der Kurzfassung gelesen, die in den fünfziger Jahren als Taschenbuch auf den Markt gekommen war. Aus der Lektüre zog ich den Schluss, dass neben einer kritischen Prüfung der Umwelt die weibliche Selbstkritik, wenn man so will, die Selbsterziehung, auf keinen Fall vernachlässigt werden dürfte. Eine robuste Konstitution kam mir zu Hilfe. Was Migräne ist, um nur ein Beispiel zu nennen, erlebte ich erst als Nebenwirkung der Pille, die ich daraufhin natürlich sofort und ein für allemal absetzte. Was mich heute noch freut, wo mir wieder Pillen angedient werden, nun gegen Osteoporose und andere Risiken des weiblichen Biorhythmus …

Objektiv betrachtet, ließe ich mich als überzeugte Vertreterin des Typus der »gleichberechtigten Frau« beschreiben, die sich bewusst war, dass sie im Unterschied zur eigenen Mutter, schon gar der Generation der Großmutter, im Prinzip die Chance hatte wie jeder Mann, ihr persönliches und berufliches Leben selbst zu bestimmen. Mir scheint, dass ich gerade in der schaudernden Absetzung vom Leben vorausgegangener Frauengenerationen mit ihren miserablen Ausbildungsmöglichkeiten, ihrem Gebärzwang und ihrer Fesselung in Kleinfamilie und Hausfrauenehe einen Gleichberechtigungsoptimismus entwickelt habe, den ich heute so überzeugt nicht mehr vertreten kann. Nicht, dass ich am Fortschritt der Gleichberechtigung selbst zweifelte. Sie scheint auch viel zu sehr in der Systemlogik des demokratischen Rechtsstaats zu liegen, als dass man sie mit guten Gründen kritisieren, gar wieder beschränken könnte. Im Gegenteil zeichnet sich ab, dass nach den Frauen nun auch noch als letzte bevormundete Gruppe die Kinder in den Genuss individueller Rechte kommen werden. Nein, hinter die Gleichberechtigung führt kein vernünftiger Weg mehr zurück – was aber nun nicht heißt, dass die Frauen oder die Frauenbewegung (man sehe mir die pauschale Redeweise nach) schon verstanden haben, wie man sich im Zeitalter nach der errungenen Gleichberechtigung mit ihr, aber auch der Leere der Freiheit einzurichten habe. Oder, um es in der Sprache der italienischen Differenzphilosophinnen aus ihrer letzten politischen Flugschrift, dem *Roten Sottosopra* (zweisprachig im Göttert-Verlag Rüsselsheim, 1996), zu sagen: Haben die Frauen, wenn die symbolische Ordnung des Patriarchats und dieses selbst natürlich perdu sind, nichts mehr zu lachen, obwohl sie gerade das so gern tun und immer getan haben?

Ich kenne viele junge Frauen, die heute mit dem erlebten Feminismus als Geschichte im Rücken so optimistisch sind wie ich mit der frischen Gleichberechtigung und meinen neuen Selbstbestimmungschancen in den sechziger und siebziger Jahren. Ihre weibliche Differenz scheint residual, wird aber selbstbewusst da, wo sie noch Sinn macht, in der modischen Inszenierung und in der Liebe, ausgelebt. Dass wir einen anderen und besseren Feminismus brauchen als den, den die Frauenbewegung bisher hervorgebracht hat – wovon ich überzeugt bin –, leuchtet ihnen gar nicht ein. Ich fürchte aber, so illusionär wie meine einzelgängerische Option in der Nachfolge von Beauvoir und meine selbstbewusste Einschätzung der Frauenbewegung als Nacherziehungsmedium einmal gewesen ist, als ebenso illusionär wird sich der postfeministische Optimismus erweisen.

Schauen wir doch einmal dem Frauenvolk aufs Maul, da wo es in Massen und auch dort, wo es als kleine Avantgarde imponiert. Auf der einen Seite haben wir die Leserinnen von Hera Linds *Superweib* und Ute Ehrhardts *Böse Mädchen*, die im Unterschied zu den guten zwar nicht in den Himmel, aber sonst überall hinkommen. Auf der andern treffen wir auf die Adepten von Judith Butler, für welche die Geschlechtsidentität die letzte zu schleifende Bastion vor einer gleißenden Zukunft ohne Repression zu sein scheint – die weibliche wohlgemerkt.

Hera Lind verkörpert, was sie in ihren Büchern und Talkshows auch predigt: die Frau, die alles hat und alles kann. Beruf, Geld, Erfolg, Sex, Männer, Kinder und Abenteuer an jeder Ecke. Über dem ganzen Ein-Frau-Unternehmen schwebt der Geist der haltlosen Manie, auf den die Frauenmassen offenbar ansprechen, gerade weil ihr Leben ganz anders aussieht. Ute Ehrhardt spricht in ihren Bestsellern jene an, die an der schreienden Diskrepanz zwischen Wunsch und Wirklichkeit noch etwas ändern wollen. Die Psychologin setzt auf die Aufrüstung der Frauen zur Egomanie. Das weibliche und allzu lang moralische Geschlecht wird in ihren Trimm-dich-Büchern und angegliederten Seminaren zur gnadenlosen Verfolgung des Eigeninteresses angeleitet – natürlich mit der Aussicht, dann reicher, mächtiger und glücklicher zu werden. Ob im Büro oder im Bett, die Frauen müssen lernen, Bilanz zu ziehen. Was will ich, was gebe ich und was kriege ich zurück? Auch hier ist mir die Manie aufgefallen, mit der die Probleme der weiblichen Selbstfindung und Durchsetzung übertönt werden. Ich z.B. möchte nicht eine Liebesgeschichte als Rechenaufgabe erleben oder mich gezwungen fühlen, den Autoreifen selbst zu wechseln. Schon gar nicht will ich als »Mädchen«, ob gut oder böse, apostrophiert werden. Ich bin nämlich schon ziemlich lange erwachsen und rechne mit der Höflichkeit meiner Mitmenschen, womöglich mit ihrem Respekt. Aber was rede ich da? Viele hunderttausend Käuferinnen von Hera Linds und Ute Ehrhardts Büchern haben keine Probleme damit, als pubertierende Radikale auch im höheren Alter identifiziert zu werden. Sie schöpfen Mut aus der Lektüre von Texten, die ich dem Typus der Tagtraum-Literatur zurechne. Für Tagträume ist bezeichnend, dass das Ich des Träumers im gloriosen Mittelpunkt steht und die Realität sich ihm so widerstandslos wie Butter fügt, sei es, dass er Ehrhardts Rezepturen befolgt, sei es, dass er sich wohlig mit dem »Superweib« identifiziert, das Lind zwischen zwei Buchdeckeln und, inzwischen unterscheidbar, auch im wahren Leben anbietet. Dass Frauen im Zeitalter vor der Gleichberechtigung eine oft beklagte Neigung zum monotonen Kitsch der Trivialliteratur hatten, mag ja noch hingehen. Aber warum ist diese Neigung mit ihr und der weiteren Unterstützung durch die zweite Frauenbewegung seit den siebziger Jahren nicht geschwunden? Im Gegenteil, könnte man fast sagen, sie hat mehr von dieser Literatur hervorgebracht als die erste, und immer solche, die einer späteren, gewissermaßen erwachseneren Lektüre nicht standhält. Ich erinnere an Verena Stefans *Häutungen*, an Svende Merians *Abschied vom Märchenprinzen* oder an Benoîte Groults *Salz auf unserer Haut*, in dem die Schrecken des Alters und speziell des Klimakteriums weggeträumt wurden. Frauenbewegte Leserinnen rechtfertigen ihre ehemalige Begeisterung immer mit einem Argument: Damals sei das Buch »wichtig« gewesen, damals habe es »befreit« und »Mut« gemacht. Aber Freiheit und Mut, auf so träumerisch schwankender Grundlage erzeugt, halten nicht vor und können zu nichts führen, sie haben so wenig Bestand wie die Texte selbst, die längst weggeträumt sind.

Dass auch auf hohem wissenschaftlichen Niveau taggeträumt werden kann, wundert vielleicht nur die, die sich eine heilige Scheu vor sogenannter Theorie bewahrt haben. Wende ich mich also der postfeministischen Avantgarde zu, die ihre Köpfe über Judith Butlers Dekonstruktion von Sex und Gender senkt. Worum geht es hier? Der Kürze halber zitiere ich das Programm eines Seminars, das das Schwulenreferat im AStA der Marburger Universität für Februar anbietet. Durchgeführt wird es, natürlich möchte ich sagen, von einer Frau. »Postmoderne antipatriarchale und feministische TheoretikerInnen bestreiten, dass die Kategorie Geschlecht überhaupt eine Klassifikationseinheit sein und eine Geschlechtsidentität stiften könne. Judith Butler fragt nicht mehr nach der Differenz der Geschlechter, sondern rückt die Gewohnheit des klassifizierenden Denkens in den Mittelpunkt. Die Rede vom Geschlecht ist Ausdruck eines Herrschaftsaktes ... Postmoderne antipatriarchale Politik instrumentalisiert den konstruierten Geschlechterbegriff und stellt die produktive Frage, wie mit den kulturellen Beziehungen, in die mensch verwickelt ist, gearbeitet werden kann.«

Gegen diese Theorie spricht zuerst einmal etwas Praktisches: Männer interessieren sich nicht für sie. Waren früher nur Männer vollgültige Menschen, die Frauen wurden extra geführt, so hat doch die Gleichberechtigung von Männern und Frauen, ohne die Differenz zu leugnen, sie in vieler Hinsicht entwertet, zu einer gleichgültigen gemacht. Gegen die Frauenbewegung wurde auch immer wieder eingewandt, dass sie die Geschlechterdifferenz zuungunsten anderer, wichtigerer, wie etwa die Klasse, überschätze. Nun lautet die alles überbietende frohe Botschaft: Wir kennen keine Parteien, keine Klassen, keine Geschlechter mehr – wir setzen auf Menschen in kulturellen Beziehungen als die künftigen, chamäleonhaft taktierenden revolutionären Subjekte der Zukunft. Viele Frauen, die ihre Kraft in den Nachweis investiert haben, dass wir immer noch, trotz Gleichberechtigung, Menschen zweiter Güte geblieben sind und nicht die Anerkennung gefunden haben, die wir verdienen, reiben sich die Augen. Wer, frage ich mich, außer schmalen FrauenLesbenzusammenhängen, Transsexuellen und anderen progressiv Verwirrten kann neben theoretisch fixierten Doktorandinnen mit Butlers Ansatz politisch etwas anfangen? Ich schaue mich um, nicht nur bei den Leserinnen von Hera Lind und Ute Ehrhardt, sondern auch bei Schülern in der Pop- und Jugendkultur und stelle fest, dass an allen möglichen Identitäten gerüttelt, mit ihnen herzhaft gespielt und getauscht wird – die Geschlechtsidentität, ob konstruiert oder essentiell, gehört nicht zum Spielmaterial. Ich vermute sogar, dass die Geschlechtsidentität die eiserne Bastion sein wird, auf die im Zeitalter progredienter Individualisierung niemand verzichten wird. Was nicht bedeutet, dass Liebes- und Familienbeziehungen sich nicht weiter wandeln werden – sie tun es aber unter dem Zeichen der Differenz. Und die weibliche ist, nach der Gleichberechtigung (so habe ich die Italienerinnen verstanden), eigentlich noch gar nicht zum Zuge gekommen.

Butlers Theorie ist ein akademisch formulierter Tagtraum. Generationen frustrierter Frauen – mich selbst nehme ich nicht aus – haben sich irgendwann mit guten Gründen einmal gewünscht, nicht als Frau, sondern als Mann geboren zu sein. Nun kehrt der Wunsch in moderner Form wieder – in der Absage an das Geschlecht überhaupt. Der weibliche Selbsthass und der berechtigte Neid auf die begünstigten Brüder feiern einen historisch und politisch eigentlich obsoleten Triumph. Der feministische Avantgardismus von Butler belegt aber auch das vorläufige oder endgültige Scheitern der Frauenbewegung, die es nicht vermocht hat, das Leben mit und nach der Gleichberechtigung mit neuen Perspektiven zu versehen.

Damit bin ich nun beim real existierenden Feminismus der Bundesrepublik Deutschland angelangt, der mir seit den achtziger Jahren immer verdächtiger, immer kritikwürdiger vorgekommen ist. Ich, als Beauvoiradeptin mit der Devise »Kritik ist wichtig – Selbstkritik besser«, verstand immer weniger jene Vorwurfspersönlichkeiten, die sich am Patriarchat, dem Feindbild Mann und anderen Misshelligkeiten des Lebens festbissen. Viele Spaziergänge mit meinem Hund machten mich mit dem Phänomen des männlichen Exhibitionismus vertraut. Der erste Schreck war beträchtlich – aber Frauen, so wusste ich, können auch lesen und klar denken, wiewohl ihnen das lange Zeit abgesprochen wurde. Ich las, und ich dachte nach – und war fürderhin gerüstet im Umgang mit dieser Sorte männlicher Psychopathen. Ganz anders, wie hinreichend bekannt, die Schwestern von der Frauenbewegung. Mit nichts ist sie so ins Gespräch, in die Medien und in die Politik gekommen wie mit der Thematisierung sexuell konnotierter männlicher Gewalt. Ich spreche bewusst von Thematisierung: Denn dass es den vielen Vereinen, Initiativen und auch Forscherinnen gelungen sei, endlich einen Schleier zu lüften, hinter dem das Patriarchat bislang seine Untaten erfolgreich verbergen konnte, kann man nach dem Studium der einschlägigen Literatur, ja selbst der Prüfung der Kriminalstatistik über die Jahre nicht im Ernst behaupten. Der fehlende Realitätsbezug, auch zum Leben der Frauen selbst, wurde mit viel Phantasie, mit Hoch- und Dunkelzifferrechnungen und vor allem einer fast paranoid anmutenden Sensibilisierung gegenüber bisher für trivial gehaltenen männlichen Abweichungen von Stil, Geschmack und gutem Benimm kompensiert. Ich war erleichtert, als wenigstens die PorNo-Kampagne von Alice Schwarzer auch von bekannten Feministinnen scharf kritisiert wurde. Andere versuchten, die Verfolgungs- und Opferszenarien zu diskreditieren, mit denen sich viele gemütlich eingerichtet hatten. Ein schon wegen ihrer medialen und des Weiteren dann auch politischen Nützlichkeit zum Scheitern verurteilter Versuch.

Was hat nun unterm Strich das sexualpolitische Engagement der Frauenbewegung gebracht? Einige Gesetzesänderungen wie zum Beispiel die Verlängerung der Verjährungsfrist bei sexueller

Gewalt gegen Kinder, die ihre rechtsstaatliche Bewährungsprobe noch vor sich haben, ebenso wie das gerade diskutierte Gesetz gegen Vergewaltigung in der Ehe. Die Einrichtung einer Vielzahl Stellen, die sich auf sexuelle Gewalt, sei es therapeutisch, sei es strafverfolgend spezialisiert haben. Auch hier ist eine nüchterne Evaluation wegen der vorgängigen politischen und/oder ideologischen Entscheidungen so gut wie unmöglich, wie eine größere Studie in Niedersachsen gezeigt hat, die die damalige Frauenministerin Schoppe in Auftrag gegeben hatte. Mehr als skeptisch, nämlich mit wirklicher Sorge, beobachte ich ein öffentliches Klima, in dem die moralische Panik mehr und mehr die Stichworte zur sexualpolitischen, strafrechtlichen, aber auch pädagogischen Diskussion liefert. Die mehr oder weniger von der Realität erzwungene Ablösung vom Frauen-Opfer im Patriarchat hat ja nicht zu besseren Projekten, sondern auf dem Umweg über Kindesmissbrauch, Kinderpornographie, Sextourismus und spektakuläre Sexualmorde an Kindern gerade in den letzten Monaten eben zum Kinder-Opfer geführt, über das sich nun nicht mehr nur Feministinnen, sondern von links bis rechts alle beugen und kurzschlüssige, aber desto radikalere Forderungen stellen können. Wer mich hier der Schwarzseherei (oder Schlimmerem) verdächtigt, der sei an die progressiven Diskussionen erinnert, die sich in den siebziger Jahren um den Fall Jürgen Bartsch entwickelt haben, der fünf kleine Jungen entführt, gequält und vier auch ermordet hatte. Heute dagegen lud mich eine angesehene Kulturstiftung zu einer Podiumsdiskussion ein, für die sie allen Ernstes den Titel vorgesehen hat »Warum schänden Männer Kinder?«. Die Frauenbewegung hat eben nicht, wie immer wieder behauptet wird, Tabus gebrochen, Schweigegebote aufgehoben, die über den dunklen Taten und Verbrechen mancher Männer gegen Frauen und Kinder lagen und sie so begünstigten. Unser Wissen ist nicht mehr geworden, und, was schlimmer ist, wir sollen auch nicht so viel fragen, kritisch abwägen und Einzelfälle differenziert betrachten. Mir und anderen hat es jedenfalls in gewissen FrauenLesbenzusammenhängen einen so schlechten Ruf eingetragen, dass ich, wie jüngst aus Marburg, nicht nur Drohbriefe bekommen, sondern als eingeladener Gast dort auch meinen Pflichten als Referentin und Diskutantin nicht nachkommen konnte.

Zu dieser Veranstaltung über die Geschichte der Frauenbewegung (»Ladies only«) waren auch zwei Frauenbeauftragte erschienen, die ich um ihre Rolle wahrlich nicht beneidet habe. Die eine hatte sich aus taktischen Gründen, wegen anstehender Etatberatungen auch zu einem Frauenprojekt (»Wildwasser«), zum Schweigen entschlossen. Die andere versuchte immerhin, zwischen der militanten Szene, die von der Frauenbewegung übriggeblieben ist, dem sonstigen Publikum und den Veranstaltern, einer rein weiblichen Kulturinitiative, zu vermitteln. Natürlich vergebens. Man griffe zu kurz, wollte man dieses Ereignis mit Stichworten wie Zensur (meiner Meinung) und Bevormundung (des Publikums) durch ein selbsternanntes ZK feministischer Tugendwächterinnen beschreiben. Der Wurm sitzt viel tiefer. Die Frauenbewegung hat in vielen, nun schon fast 30 Jahren, kein Milieu geschaffen, keinen Stil entwickelt, in und mit dem Frauen, wo es um ihre Sache geht, frei miteinander umgehen und sich austauschen können. Ich war ja nicht dabei, habe mir aber von Veteraninnen sagen lassen, die den Dienst auch deshalb quittiert haben, dass Terror und schlichte Gemeinheit im Dienst der guten Sache von Anfang an üblich gewesen seien. Wenn aber heute, wie in Marburg der Fall, Frauen und Mädchen zwischen 20 und 50 gleichförmig wie Rabauken auftreten, stimmt auch etwas anderes nicht. Die Frauenbewegung ist, zu ihrem Schaden, völlig alterslos geblieben. Immer noch gibt es bloß Schwestern, keine Mütter und Töchter – oder, um es in der Sprache der italienischen Differenzphilosophinnen zu sagen, keine Autorität. Es hat eben deshalb auch keine Lernprozesse, sondern bloß Austrocknungs- und Abscheidungsprozesse gegeben. Diese erklärt man gern mit dem normalen, sozusagen biologischen Schicksal sozialer Bewegungen. Im Unterschied zur Arbeiterbewegung ist aber gerade die Frauenbewegung mehr als eine soziale Bewegung. Sie setzt ja 1968 ein, wo die Gleichberechtigung, das Wahlrecht, das Bildungsrecht usw. usf. schon durchgesetzt waren. Sie war auf der einen Seite – so meine Überzeugung – eine konservative Reaktion auf die Entwertung traditioneller Weiblichkeit (in den Rollen von Mutter und Hausfrau), auf der andern ein allzu halbherziger und vager Versuch, die weibliche Freiheit mit neuen Inhalten zu füllen, jenseits solcher der männlich dominierten »Gleichberechtigung«.

Deutschland ist das Land, das an die Bürokratie glaubt. Männer ließen sich die Beschwerden der Frauen gesagt sein. Machen wir! heißt die Devise. Die Autorität und die Tradition, welche die Frauenbewegung nicht produziert haben, sollen von Staats wegen geliefert werden. Die Stichworte lauten Frauenministerin, Frauenbeauftragte, Gleichstellungspolitik, Frauenförderung, Frauenforschung und Quote. Wir wissen, dass die Ergebnisse überall so ziemlich gegen Null tendieren. Der Feminismus von Staats wegen hat die Frauenbewegung abgelöst. Mit einem weiblichen Bundespräsidenten, ja, sogar einem Kanzler weiblichen Geschlechts muss man schon einmal rechnen. Nicht, dass ich was dagegen hätte – aber so richtig dafür wäre ich wohl auch nicht. Es würde mich vermutlich kaltlassen.

Der Text erschien am 15.01.1997 in der
Zeitschrift Erziehung und Unterricht der GEW.

Du kannst mich ruhig Frau Hitler nennen
Vom Leben auf der Chef-Etage: Als Frau durchs Dritte Reich

»*Mein liebes Tschapperl, es geht mir gut, mach Dir keine Sorgen, vielleicht ein bisschen müde. Ich hoffe, bald heimzukommen und mich dann in Deinen Armen ausruhen zu können. Ich habe ein großes Bedürfnis nach Ruhe* …«

So oder ähnlich haben immer viele Männer von unterwegs an ihre Frauen oder Freundinnen nach Hause geschrieben, beruhigend, ein bisschen sehnsüchtig und nach der Liebe verlangend, auf die sie nach strapaziösen Ausflügen in die weite Welt ja auch ein Anrecht haben. Müssen die daheimgebliebenen Frauen sich darum kümmern, was der Geliebte, Ehemann und Vater der Kinder da draußen tut, oder ist es ihr gutes Recht, ja ihre Pflicht, sich nur um diesen Mann zu sorgen, dem sie sich als Frau verbunden haben? Nach 1945 haben Gerichte und Behörden sich mit der Frage beschäftigen müssen, ob die überlebenden Ehefrauen führender Nazis – zum Beispiel Emmy Göring oder Henriette von Schirach – als Mitwissende und Mitprofitierende schuldig zu sprechen und in irgendeiner Weise auch zur Verantwortung zu ziehen wären. Der Ausgang jener Verfahren ergibt ein entschiedenes Plus für den Status der liebenden Ehefrau: Solange das Geschäft läuft, ist sie dabei – geht es bankrott, wird sie nicht haftbar gemacht. Mit einigen Monaten Internierung kamen alle davon. Eine juristische, auch eine moralische Handhabung dieses diffizilen Problems, das sich ja erst in der Neuzeit stellt, wo neben Männern auch Frauen als selbständige Personen in Erscheinung treten, ist noch nicht erfunden. So mag es scheinen, als habe Emmy Göring doch wirklich den Punkt getroffen.

1947 schreibt sie an den Minister, der die Internierung aller Ehefrauen der Nazis veranlasst hat, die in den Nürnberger Prozessen verurteilt worden waren:

»Ich bin 54 Jahre und habe in den letzten Jahren unendlich viel durchgemacht... Herr Minister, Sie kennen meine Akten, ich war völlig unpolitisch, habe rassisch und politisch Verfolgten geholfen, wann und wo ich nur konnte, es liegen genug eidesstattliche Erklärungen dafür vor. Meine einzige Belastung ist, ich bin die Frau von Hermann Göring. Man kann doch unmöglich eine Frau dafür bestrafen, weil sie ihren Mann geliebt hat und mit ihm glücklich verheiratet war.«

Es ist nicht falsch, was Emmy Göring, geborene Sonnemann, geschiedene Köstlin, eine etwas plumpe Theaterschauspielerin mittlerer Güte, die Göring 1932 kennengelernt hatte, da sagt – es ist nur furchtbar unvollständig. Es ist auch uninteressant, ob sie ihr letztes Engagement, den Karrieresprung von Weimar nach Berlin, der Protektion durch ihre nationalsozialistischen Verbindungen verdankte. Ohnehin gab sie auf Wunsch ihres Gatten, eben Hermann Görings, jede Berufstätigkeit nach der Heirat 1935 auf – interessant ist vielmehr, wie sie nach Görings Selbstmord, schließlich den Enthüllungen über die Verbrechen der Nazis, von denen sie nichts gewusst haben will, reagiert hat. Schamhaft zu schweigen stünde wohl auch jenen gut zu Gesicht, die nur Ehefrau waren und in renaissancehaftem Pomp in Carinhall in der Schorfheide residierten und nichts Böses taten. Emmy Göring aber schrieb nicht nur Erinnerungen, sondern führte auch zusammen mit der Tochter Edda Prozesse wegen millionenschwerer Kunstwerke, aber auch wegen Schmuck und Geschmeide, die zelotenhafte Opportunisten dem Baby Edda 1938 an die Wiege getragen hatten, als sei es die moderne Variante des Jesuskindes. Der als Reichstrunkenbold verschriene Leibfotograf von Hitler, Heinrich Hoffmann, Vater von Henriette, verehelichte Schirach, und außerdem Lehrherr eines gewissen Fräulein Eva Braun, der hatte den Anstand zu schweigen, nachdem er sein geordnetes Fotoarchiv den Alliierten übergeben hatte ... Die Frauen der Nazis, welche die Wiener Historikerin Anna Maria Sigmund porträtiert hat [*Die Frauen der Nazis*, Wien 1998], haben entweder Selbstmord begangen oder sich nach 1945 mit peinlichsten Verleugnungen und Beschönigungen wichtiggetan. Hier die 33-jährige Eva Braun, die in den Tod ging, nachdem der Führer im Bunker der Reichskanzlei sie auch noch geheiratet, also ehrlich gemacht hatte. Der Lehrer Braun, Evas Vater, hatte schließlich an den Reichskanzler einmal einen Brief geschrieben:

> »*Sehr geehrter Herr Reichskanzler! Es ist mir unangenehm, mit einer Privatangelegenheit Sie belästigen zu müssen, nämlich mit meinem Kummer als Familienvater. Sie, der Führer der deutschen Nation, haben ganz andere Sorgen, gewiss weit größere ...*«

Und dann fordert der sehr konservative und autoritäre Familienvater den Herrn Reichskanzler dazu auf, wenn auch auf gewundenen Wegen, ihm entweder seine Tochter zurückzuerstatten oder Eva Brauns Status als ausgehaltene Frau zu verbessern. Erfolglos, wie wir wissen. Eva Braun musste sich mit einem niedlichen Haus, schönen Autos, vielen teuren Kleidern, französischen Parfüms und italienischen Schuhen und dem Gedanken trösten, dass Adolf Hitler, den sie als siebzehnjähriges Lehrmädchen kennengelernt hatte, ihr immerhin ein treuer Liebhaber war. Man muss es zu den kleineren, aber für die Frauenforschung doch sehr interessanten Monstrositäten des Dritten Reichs zählen, dass dieses Paar im Auge des Zyklons glücklich miteinander war. Wie war das möglich? Anna Maria Sigmund schreibt viel Eva Brauns weiblicher Diplomatie und Anpassungsbereitschaft zugute. Die Politik war vollständig ausgesperrt. Wurde Eva Braun einmal um Hilfe gebeten, was selbst auf dem Obersalzberg vorkommen konnte, dann lächelte sie fein und gebot Schweigen, indem sie wie ein Engelchen einen Finger auf den Mund legte. Nichts sehen, nichts wissen, nichts hören – das war sicher eine Bedingung, unter der viele der in ungewohntem Luxus lebenden Frauen der Nazis scheinbar moralisch intakt bleiben konnten.

Mir fiel noch etwas anderes auf. Der eingangs zitierte Brief von Hitler an Eva – »Liebes Tschapperl« – erging nach dem missglückten Attentat Stauffenbergs am 20. Juli 1944. Begleitet war er von einer lädierten Uniform, die Hitler an diesem Tag getragen hatte. Er schreibt:

> *»Ich habe dir die Uniform des Unglückstages geschickt. Sie ist der Beweis, dass die Vorsehung mich beschützt und wir unsere Feinde nicht zu fürchten haben.«*

Für die Betreiber und Nutznießer an der Spitze des Dritten Reichs war es gebaut wie ein Tagtraum, der sonderbarerweise Wirklichkeit geworden war. Seine Devise lautete: Alles ist möglich. In dieser manischen Stimmung dürften viele Nazis und erst recht ihre Frauen das kurze Dritte Reich durchlebt und wie Hitler, Eva Braun, das Ehepaar Goebbels und andere auch in den Tod gegangen sein. Es war nicht der Selbstmord, den die Stoiker unter gewissen Bedingungen erlaubten, ja zwingend machten. Sie spielten einfach weiter in ihrem Tagtraumtheater, in dem man nun zur Stelle kam, wo in der für die Nazis kennzeichnenden Kombination von Neuer Sachlichkeit und Bayreuth der Abgang erfolgen musste. Nur so kann man auch halbwegs verstehen, warum das Ehepaar Goebbels es fertigbrachte, seine sechs kleinen Kinder vor dem eigenen Tod vergiften zu lassen, im eigens angelegten Sonntagsstaat…

Der Text erschien am 02.01.1999 unter dem Titel
»Nichts wissen, nichts hören. Vom Leben auf der Chef-Etage:
Als Frau durchs Dritte Reich« in der WELT.

Lettera antifemminista da Berlino No. 3

Zu den Sonderbarkeiten des Feminismus gehört eine anhaltende Obsession mit dem, was Frauen fehlt und was ihnen vorenthalten wird. Es fällt mir wirklich schwer, bei diesem Thema nicht an Professor Freud zu denken und seinen Mutmaßungen über kleine Mädchen, die ihrer Mutter vorwerfen, sie als unvollständige Menschen ins Leben geworfen zu haben, nicht beizupflichten. Leicht fällt es mir auch nicht, ein Wort wie »Penisneid« nicht in die Debatte zu werfen, obwohl ich aus Erfahrung weiß, dass dann die meisten protestierend den Raum verlassen oder mich vor die Tür schicken. Wenn man wegen der ausgleichenden Gerechtigkeit auch auf die männliche Kastrationsangst zu sprechen kommt, die Professor Freud ebenso bedeutend fand, ist es meistens schon zu spät.

Natürlich weiß ich, dass der Penisneid schon tausendfach in der Theorie widerlegt worden ist, aber mich interessiert nun mal auch die feministische Praxis. Wie kommt es, dass ich erst neulich wieder mit einer gebildeten, erfolgreichen und bildschönen Journalistin, die mir sehr sympathisch ist, wenigstens eine Stunde darüber debattieren musste, ob Männer im Stehen pinkeln dürfen? So etwas ist mir schon öfter passiert, obwohl ich immer geglaubt habe, mein Gegenüber und ich hätten doch interessantere Themen zu erörtern. Wenn sich Männer einmischen, dann ergreifen sie nie meine, sondern immer die Partei der Gegenseite. Sie geben sich, auch und gerade in dieser lächerlichen Frage, einsichtig und vor allem schuldbewusst. Ein Freund behauptet, dass man es doch hier nur mit Tricks zur Besänftigung der Damenwelt zu tun habe. So, als spielten Penisneid und Kastrationsangst ein gemischtes Doppel...

Die Floskel von der Diskriminierung der Frau, die selbst der Papst geschluckt hat, gehört auch in diesen Zusammenhang. Feministinnen aller Art, und Berufsfeministinnen ganz besonders, halten das Dogma der Diskriminierung täglich in Ehren. Es meint, dass Frauen etwas vorenthalten wird, auf das sie irgendwie Anspruch haben. Gerade heute habe ich von der Kommission der Frauenbeauftragten des Deutschen Städtetags dazu etwas gelesen. Diese Kommission repräsentiert, das nur nebenbei, die Frauenvertreterinnen von 4300 im Städtetag organisierten Kommunen... Sie alle fordern für die Frauen, die sie vertreten, mehr Schutz vor sexueller Ausbeutung, mehr Hilfe für Existenzgründungen, ein frauengerechtes Wohnumfeld ohne dunkle Angstträume und außerdem gute Einkaufsmöglichkeiten. Mit einer Selbstverständlichkeit, die mir den Atem nimmt, sonnen sie sich alle im Gefühl, nicht nur Rechte zu haben, sondern Ansprüche anmelden zu dürfen. Vater Staat und Mutter Natur sind den Frauen eben etwas schuldig geblieben und dürfen deshalb ganz einfach zur Kasse gebeten werden. Die Frauenbewegung und die Feministinnen haben einer Beschwerdekultur Vorschub geleistet, welche die Politik im Lobbyismus, womöglich noch im moralisch konnotierten Lobbyismus erstickt. Vielleicht war es auch umgekehrt: Die Akzeptanz des herrschenden Feminismus beruht auf einer Politik, die nur Lobbyisten prämiert.

Eigentlich wollte ich ja auf die feministische Phantasmagorie der Androgynität, von Transsexualität und Transgender zu sprechen kommen – aber die Zeit ist um! Gerade hat nämlich ein Star der amerikanischen Transgenderszene, Leslie Fiedler, eine Tournee durch Deutschland absolviert. Nicht als Frau, nicht als Mann, sondern als »s/he«.

Der Text erschien im Dezember 1998
in der Nr. 40/41 der *Via Dogana*.

HERZLICHEN GLÜCKWUNSCH, FRAU LUTHERIN

Zum 500. Geburtstag der Katharina von Bora

Neben vielem anderen gab Brecht uns auch mal zu bedenken, ob Julius Cäsar auf seinen Wegen zum Weltruhm nicht wenigstens von einem Koch begleitet worden wäre. Große Männer, so wollte uns der Dichter sagen, sind bei großen Taten auch auf eine Menge Fußvolk angewiesen, das bei Kranzverleihungen nie bedacht, sondern stillschweigend vorausgesetzt wird. Zwar beruft sich die tonangebende Frauenpolitik heute beileibe nicht auf Brecht, schon weil der jede Menge liebender und kreativer Frauen skrupellos ausgebeutet hat, sein idealistischer Materialismus ist aber dennoch auch der ihre. Wenden wir den auf Katharina von Bora an, lautet das Ergebnis ungefähr so: Große Männer, ja, sogar kleine Männer gäbe es nicht, wenn nicht brave, unter das Joch des Patriarchats gezwungene und kleingehaltene Frauen die eigentliche Drecksarbeit getan hätten. Kochen, waschen, putzen; bewundern, pflegen, trösten – und, nicht zuletzt, für Lust und Nachwuchs sorgen. Alles, was vor wenigen Jahren unter der Überschrift »Reproduktion der Arbeitskraft« in kapitalismuskritischen Seminaren auch mit dem Rätsel des Mehrwerts verknüpft wurde, lässt sich heute, fast unbemerkt, bei der Erörterung der immer noch ungelösten Frauenfrage recyceln. Frau, dein Schicksal heißt Entfremdung! Selbstverwirklichung und Karriere waren und sind Männersache. Niemand würde nach den weiblicherseits entrichteten Zuzahlungen in Geschichte und Gegenwart fragen, wenn uns die einschlägige Frauenforschung nicht immer wieder mit gewissen peinlichen Tatsachen konfrontierte. Den Chef der Reformation Dr. Martin Luther kennt ja wohl jeder. Was aber wissen wir von seiner Ehefrau Katharina, geborene von Bora? Es ist bezeichnend, dass das Wenige, das wir wissen, von Zweiten und Dritten stammt, oft von eifersüchtigen Lutherfans, die bei Tisch jedes Wort des großen Mannes zu protokollieren suchten, der Ehe- und Hausfrau, die das leckere Mahl bereitet hatte, aber keinen Stich gönnen mochten. Dabei waren die Voraussetzungen für eine ordentliche Hauswirtschaft im Schwarzen Kloster zu Wittenberg, das der Familie Luther, samt einem halben Dutzend Nichten und Neffen, Tanten, Gästen und Dienstboten zur Wohnung diente, am Anfang miserabel und mussten von der rastlos tätigen Hausfrau erst peu à peu den Bedürfnissen angepasst werden. Ein Herd und ein Brunnen mussten her. Um die Versorgung mit Lebensmitteln sicher zu stellen, bewirtschaftete Frau Lutherin zeitweise einen Garten beim Haus, einen anderen mit Bach (wegen der Fische) etwas weiter weg und ein Gut, zwei Tagereisen von Wittenberg entfernt. Dazu kam so viel Viehzeug – Hühner, Gänse, Enten, Schweine und Kühe – wie zur gemütlichen Versorgung so vieler Menschen nötig waren, ehe die Tiefkühltruhe im Supermarkt erfunden wurde. Wo die ehemalige Nonne ihre beeindruckenden Kenntnisse der Haushaltungswissenschaft her und wo sie das Management gelernt hatte, weiß man nicht. Teils war sie vielleicht ein Naturtalent, teils hatte sie wohl in langen, kontemplativ mit Beten, Fasten, Singen verbrachten Klosterjahren so viel Energie angesammelt, dass sie froh darüber war, sie nach allen Seiten und möglichst effektiv zu versprühen. Möglich aber auch, dass ihr ausgedehnter Eifer etwas mit dem Mangel an Bargeld im Hause Luther zu tun hatte. Eine autarke Hauswirtschaft machte Frau Luther von ihrem berühmten Gatten unabhängig, dessen Desinteresse an Geld notorisch war. Beharrlich weigerte sich der Bestsellerautor, seine begehrten Manuskripte für Geld an den Drucker zu verkaufen; noch schlimmer seine Bereitschaft, jedem halbwegs netten Menschen, der daherkam, zu helfen und zu geben, was er hatte.

Sollen wir nun, anlässlich ihres 500. Geburtstags, der großen Hausfrau des Reformationsgeschehens gedenken, weil sie im Unterschied zu Ursula von Münsterberg, Argula von Grumbach und Katharina Zell aus Straßburg durch intellektuelle Anteilnahme an den Ereignissen nun wirklich nicht aufgefallen ist?

Die frauenpolitisch korrekte Antwort lautet: Jein. Es ist auf die geschlechtsspezifische Arbeitsteilung hinzuweisen, die Katharina in Haus und Hof hat wirbeln lassen, damit ihr Martin wohlversorgt und unbehelligt in seinem berühmten Studierstübchen arbeiten und in die Geschichte eingehen konnte. Hat Luther abgewaschen oder Kinder gewickelt oder ist er nicht vielmehr dafür berüchtigt, den Verschleiß der Frauen bei niedrigen Arbeiten und ununterbrochenem Kinderkriegen als gottgewollt zu rechtfertigen? Da ist es doch kein Wunder, dass Katharina von Bora keine Werke hinterlassen konnte. Niemand, gerade auch nicht ihr Ehemann, hat es für nötig gehalten, ihre zahlreichen Briefe an ihn aufzubewahren, während von ihm jeder Zettel, oft auch sehr unbedeutenden Inhalts, archiviert wurde.

Natürlich könnte man zu den Werken der Katharina ihre sechs Kinder rechnen, von denen immerhin vier das erwachsene Alter erreicht haben. Die Nachfahren der Tochter Margarete lassen sich sogar über die Jahrhunderte nachweisen. Das ist mehr als Schicksal und Biologie; denn eine so hohe Erfolgsquote bei der Kinderaufzucht hatte Wissen und Geschick zur Voraussetzung – wenn wir schon die Mutterliebe, jene fatale Erfindung des 18. Jahrhunderts, nicht mit in Anschlag bringen wollen … Zu ihren Werken könnte man auch rechnen, dass ihr Martin, den sie ja erst mit 42 in Pflege nahm, das seinerzeit weit überdurchschnittliche und in seinem Fall noch besonders überraschende Alter von 62 Jahren erreicht hat. Philipp Melanchthon, der Kollege und Freund Luthers in Wittenberg, von klein auf mit einer schwächlichen Konstitution geschlagen, wurde dank einer ebenso fürsorglichen Ehefrau sogar noch ein bisschen älter. Luther selbst hatte dem jungen Mann zur Ehe geraten. Da aber Melanchthon kein Mönch, seine Frau keine Nonne gewesen war, ging es, anders als bei der Heirat Luthers mit Katharina von Bora im Sommer 1525, kurz nach der grausamen Niederschlagung des Bauernaufstands, ohne Skandal ab.

Nun ließe sich weiter unken, dass die Ehe den Männern schon immer bekömmlicher war als den Frauen, wie das Schicksal der Lutherin in allen seinen Facetten einmal mehr beweist. Stellvertretend für unzählige andere, die nicht einmal durch den Schatten des berühmten Mannes, der auf sie fiel, ein wenig Aufmerksamkeit beanspruchen dürfen, sollten wir den Geburtstag der Lutherin nutzen, um Öl ins Feuer weiblicher Unzufriedenheit zu schütten. Wut wurde ja vor Jahren zur weiblichen Kardinaltugend erhoben, und wie alle Tugenden war sie selten und wird immer seltener geübt – was man dann irgendwie *Backlash* nennt. Warum, fragte grade neulich eine Filmkritikerin, sind Frauen eigentlich untauglich für Action-Filme? Warum hat Katharina von Bora nicht die 95 Thesen an die Kirchentür genagelt und damit zur Disputation aufgerufen, und wie soll man sich damit abfinden, dass die Schwester von Shakespeare kein eigenes Zimmer hatte?

Wie dem auch sei, scheinen die Unverbesserlichen doch abzunehmen. Die Beschwerden der Frauen werden gehört, was man schon daran erkennt, dass Katharina von Bora zu ihrem 500. Geburtstag eine Briefmarke bekommt und die Lutherstadt Wittenberg einen Wettbewerb für ein Denkmal ausgeschrieben hat. In der Begründung heißt es: »Sie war nicht nur als Luthers Gemahlin eine auffallende Frau, sondern durchaus eine eigenständige, selbstbewusste Persönlichkeit. Katharina von Bora gehört ohne Zweifel zu den bemerkenswertesten weiblichen Persönlichkeiten der deutschen Geschichte.«

Diese Lesart der Biographie der Lutherin ist zweifellos so gut gemeint wie die erste anklagend und kritisch. Es handelt sich um ein schlagendes Beispiel von ideologischem Opportunismus. Weiß jeder wenigstens ungefähr, wie eine bemerkenswerte männliche Persönlichkeit in der deutschen Geschichte aussieht, dann muss er ja zugeben, dass die Lutherin keine war. Und wollen wir, statt auf das Männliche, auf das Weibliche der großen Persönlichkeit abheben, dann möchte ich unbedingt für meine Großmütter auch eine Briefmarke und ein Denkmal in Berlin verlangen. Ihnen, liebe Leser, rate ich, dasselbe für die Ihrigen zu tun. Waren sie nicht alle irgendwie eigenständig, selbstbewusst und insgesamt so bewunderungswürdig wie Katharina von Bora? Der einzige Fehler, den man ihnen vielleicht ankreiden könnte, ist der, dass sie es versäumt haben, einen richtigen Häuptling zu heiraten, einen richtigen Star, wie Luther es zweifellos war, als Katharinas Blicke und Gedanken sich auf ihn richteten. Legt man allerdings auf genuin weibliche Eigenständigkeit und Selbstbewusstsein Wert, dann sollte gerade diese Tatsache nicht gegen, sondern für Ihre und meine Großmütter sprechen. Dem Verdacht, bloß ein Groupie zu sein, das Glück hatte, haben sie sich gar nicht ausgesetzt …

Ich habe noch eine dritte Lesart der Biographie von Katharina von Bora, verehelichte Luther, vorzuschlagen. Zugegeben, es ist eine sehr persönliche, dazu noch romantische, von der ich aber trotzdem behaupte, dass sie der historischen Wahrheit ziemlich nahe kommt und den weiteren Vorzug hat, modern und zukunftsweisend zu sein. Richtig ist, dass eine 1523 aus dem Kloster Mariathron bei Nimbschen mit acht anderen geflohene Nonne sich 1525 den Superstar angelte, der Luther zwischen 1517 und 1525 zweifellos war. Es stimmt auch, dass diese Ex-Nonne von 26 Jahren, die Luther schließlich doch ehelichte, trotz der Proteste, die den Zeitpunkt (Bauernmassaker) und die Tatsache als solche betrafen (Häuptlinge sind mit der Sache, nicht mit einer Frau verheiratet, vgl. zuletzt Hitler), vor Luther eine unglückliche Liebesgeschichte erlebt hatte. Ein gleichaltriger Student aus Nürnberg, ein Patriziersohn, erwies sich aber als Lusche. Trotz der Aufmunterung durch den bereits weltberühmten Luther, bei dem er ja schließlich extra in Wittenberg studiert hatte, war Hieronymus Baumgärtner nicht imstande, seiner Familie die adlige junge Frau als Braut plausibel zu machen. Ob es an Katharinas fehlender Mitgift lag, die bei ihrer Einlieferung ins Kloster draufgegangen war, oder ob Hieronymus nur einfach zu feige und zu klein war, eine entsprungene Nonne zu heiraten, wie apart und attraktiv sie auch immer gewesen sein mag, lassen wir es dahingestellt. Aus weiblicher Sicht muss man sich die Tatsache »er liebt mich nicht genug« immer in die Wahrheit übersetzen, dass er mich nicht liebt.

Böses kann man Luther nachsagen – klein war er nicht. Auf den ersten Blick mag auch aus der Sicht Katharinas gegen den so viel älteren, eigentlich leicht verwahrlosten Augustinermönch viel gesprochen haben. Er gehörte nicht zu denen, die eine Frau und Hausfrau unbedingt brauchten, weil sie sonst neben Gesetz und Herkommen eine Liebste für die groben Bedürfnisse hätten aushalten müssen. Luther hatte allerdings seit vielen Jahren eine wichtige Beziehung, an der er laborierte, in die seine ganze Leidenschaft einging: es war die zu seinem Gott. Auf Erden und im Alltag lebte er nicht aus Überzeugung, wegen des mönchischen Zwangs, sondern aus Veranlagung absolut asketisch, bedürfnislos und bescheiden. Das Ehepaar Luther ist also mit der These des hauswirtschaftlich gestützten Genies nicht zu knacken. Luther aß und trank, was er bekommen konnte. Vor seiner Heirat war er ein Strich in der Landschaft. Er schlief monatelang in ungemachten Betten – was soll's? Seine Mönchskutte konnte er, wenn es nicht zu umgehen war, selber flicken. Überliefert wird von Lutherfans, dass ihm die Hauswirtschaftsbegeisterung von Katharina schon mal auf den Geist gegangen ist. Die Floskel von ihr als dem »Morgenstern Wittenbergs« sei ironisch, kritisch und abwehrend gemeint gewesen, liest man in den Hagiographien, die auch der Reformator bekommen hat. Ich glaube davon kein Wort: So wenig wie Luther für die junge Katharina die zweite, resignative Wahl gewesen ist – so wenig mokierte sich Luther über die Tatkraft und Energie seiner Ehefrau, die bei Tagesanbruch um vier vom Lager sprang und mit Lust und Laune bei Dingen wie Brauen, Kochen, Gärtnern und Schlachten bei der Sache war. Es war Liebe auf den ersten Blick zwischen den beiden, auch wenn es zuerst nicht so aussah, weil Katharina ihren Hieronymus anhimmelte, Luther eigentlich gar nicht heiraten wollte und dann doch ein Auge auf Ave Schönbeck geworfen hatte, die zusammen mit Katharina dem Kloster entflohen war …

Wirklich schade, dass wir so gut wie nichts über ihre Familie, noch schlimmer nichts über ihre Zeit im Kloster wissen. Als die Mutter starb, kam sie mit fünf Jahren als Kostkind dahin; im Alter von zehn wurde sie nach Mariathron transferiert, wo sie mit 16 die Gelübde einer Zisterzienserin ablegte. Von einer Berufung zu lebenslangem Gottesdienst, zur Einhaltung des Gelübdes, Armut, Keuschheit und Gehorsam konnte bei Katharina so wenig die Rede sein wie bei tausenden andren Männern und Frauen auch. Was diese anbetraf, wurden sie besonders gern in Klöstern schlicht entsorgt – wie es den Beteiligten schien, auf anständige Weise. Im Kloster soll Katharina lesen und schreiben gelernt haben. Viel gemacht hat sie aus dieser damals exorbitanten Fähigkeit nicht. Ein Tag ist lang und was das junge Mädchen, die junge Frau als Nonne den lieben langen Tag gemacht, gedacht, was sie gelesen und geschrieben hat – darüber wissen wir nichts. Gern hätte ich auch gewusst, welcher Beichtvater, welche avantgardistische Priorin die radikale Lutherschrift in Katharinas Kloster bekanntgemacht hat.

Allein der Glaube macht den Christen, der Ringkampf mit Gott sozusagen, und das täglich ohne Ende, hat Luther behauptet. Eine Welt wurde zum Einbruch gebracht, die auf der Tradition, der Konvention, der Autorität und der brisanten Mittlerschaft einer Hierarchie fußte, die für alle das Seelenheil berechenbar, bezahlbar und beruhigend überschaubar gemacht hatte. Hat die Bora das gelesen und zusammen mit ihren Schwestern, zumindest den gescheiten, diskutiert? Oder war sie vor allem eine Gefangene, die von Luther nur so viel verstand, dass er sie aus dem Kloster befreite? Wenn das Klosterleben, insbesondere die Keuschheit, nicht dazu taugte, das eigene und das Fegefeuer der Verwandten abzukürzen, wenn es überhaupt nicht auf solche »Äußerlichkeiten« ankommen sollte und musste – warum dann im Kloster sitzen?

Längst ehe Katharina das Kloster mit ihren Leidensgenossinnen verlassen konnte, hatte Luther, der Gottesfanatiker, behauptet, dass die sexuelle Differenz von Gott erfunden und die Ehe deshalb der natürliche Zustand des Menschen sei. Seine Schrift vom *Ehelichen Leben* aus dem Jahr 1522 wäre endlich auch einmal zu lesen als eine kleine Theorie der Misogynie. Männer schimpfen über Frauen und jammern seit ewigen Zeiten über die Ehe, hat Luther beobachtet. Würden aber Frauen wie Männer Bücher schreiben, so behauptet der magere und radikale Augustinermönch, dann kämen die Männer kein bisschen besser weg. »Das sind nun blinder Heiden Worte, die nicht wissen, dass Mann und Weib Gottes Schöpfung ist, und lästern ihm sein Werk, gerade als kämen Mann und Weib unversehens daher.«

Es wurde Luther und seinen Anhängern bald klar, dass diese Einsicht, mit der das ganze weibliche Geschlecht rehabilitiert wurde, weil das Geschäft der Fortpflanzung, die Geschlechtsliebe, die Sexualität im Ganzen als gottgewollt und also unsündig in ihr Recht eingesetzt wurden, nicht nur Theorie bleiben konnte. Luther musste heiraten und mit gutem Beispiel vorangehen. Im Zeitraffer gesprochen begann mit Luthers Ehe die Frauenbewegung. Es war gut, dass Katharina von Bora keine Mitstreiterin des Reformators, sondern bloß eine großartige Ehefrau, Mutter und Hausfrau war. In der Rolle der Kollegin hätte sie nur verloren, und Luther hätte auch nichts gewonnen. Ihm fehlte die radikale Erfahrung des anderen Menschen, der einem gerade in der Intimität, welche die Liebe stiftet, so fremd erscheint wie nie ein anderer. Wie Luther einmal in einem Brief diese Erfahrung einfach und prägnant beschrieb: Morgens aufwachen und da, wo nichts gewesen war, ein Paar Zöpfe auf dem Kissen sehen … Natürlich hat Luther immer wieder versucht, seine zärtlich geliebte Frau von dem Podest zu holen, wo sie ihm auf gleicher Höhe in die Augen sah. Er wollte sie erziehen, zur kleinen theologischen Schülerin machen. 50 Gulden versprach er ihr, wenn sie endlich die ganze Bibel durchlesen wollte. Sie tat es nicht. Auch in der von ihrem Martin so hochgehaltenen Heiligen Schrift standen Dinge, die sie nicht glauben konnte. Gern hätte er ihr den Widerspruch genommen und war ja auch als Theologe, Professor und studierter Mensch bestens gerüstet für diese Belehrung, mit der er sich auch in seiner Ehe als Chef hätte etablieren können. Sie spielte da aber nicht mit: Das kann ja wohl nicht sein, kommentierte sie einmal das Gespräch der Männer bei Tisch, dass Gott dem Abraham befohlen habe, ihm seinen Sohn Isaak zu opfern! Doch, insistierte der wort- und schriftgläubige Ehemann, so steht es in der Bibel. Nicht ohne Katharinas Zutun hat die Zeit, die seither vergangen ist, für sie und ihresgleichen gearbeitet. Aber ihr Martin erwies sich für das, was sie ihn lehren konnte, auch als willig und fähig. Zu einer fast überlebensgroßen Figur wurde Luther für das stilisiert, was er in seiner revolutionären Phase vor der Ehe für richtig erkannt und vertreten hatte. Der Luther der zweiten Lebenshälfte kann einen wohl kaum noch begeistern – es sei denn, man hat seinen Blick dafür geschärft, was die auch theologisch begründete Eröffnung eines neuen Ehe- und Familienideals im Zeichen der sexuellen Differenz bedeutete, nämlich auch eine Revolution, eine schleichende. Mit den lieblichsten Umarmungen und Küssen widmet sich der Ehemann seiner Frau und denkt und dankt: »Siehe, diesen Menschen, dieses liebste Geschöpflein meines Gottes, hat mir Christus geschenkt, ihm sei Lob und Ehre!« Katharina von Bora war maßgeblich daran beteiligt, dass das Ende der Misogynie eingeläutet wurde. Luther musste heiraten, lernen, sich zu verlieben, die Freuden und Sorgen des Ehemanns und Vaters erleben. Das alles hat sie gut gemacht, die Frau Lutherin.

Literatur: Martin Luther: *Briefe an Freunde und an die Familie.* Hrsg. von Albrecht Beutel. München (C. H. Beck) 1987 // Lucien Febvre: *Martin Luther – Religion als Schicksal.* Berlin (Ullstein) 1976 // Richard Friedenthal: *Luther – sein Leben und seine Zeit.* München (Piper) 1967 // Roland H. Bainton: *Women of the Reformation in Germany and Italy.* Minneapolis (Augsburg Publishing House) 1971

Der Text erschien am 28.01.1999 unter dem Titel »Glückwunsch, Frau Lutherin! Katharina von Bora, die Frau, die Luthers Männerwelt zum Einsturz brachte. Zum 500. Geburtstag eine Gratulation« in der ZEIT.

Die Pille hat Geburtstag
*40 Jahre weiblicher Freiheit oder
bloß ein Kapitel Medizingeschichte?*

Die vielen Nachrufe beim Tod der weltweit bekanntesten Deutschen Beate Uhse entführten die gerührten älteren und die eher erstaunten jungen Leser noch einmal in die längst untergegangene Welt der sexuellen Repression. Mit ihrem Unternehmen hat die Uhse das Ihre dazu beigetragen, dass Sex kein Tabu mehr blieb, sondern öffentlich und anständig wurde. Ihr Versandhandel mehr als die späteren Sexshops eröffnete auch Landeiern, Verklemmten und Verschüchterten die wundersame Welt der sexuellen Selbstverwirklichung, an deren Tor eine Broschüre zur natürlichen Empfängnisverhütung nach Knaus-Ogino verteilt wurde, auf die später Präservative, Dildos, Sexpuppen und an- und aufregende Materialien aller Art folgten... Die Pille, seit 1961 auf dem deutschen Pharmamarkt, wurde erst Ende der sechziger Jahre, und zwar im Umkreis des ominösen 1968, wirklich bekannt und verbreitet. Und bis dahin galt, dass jedes anständige Mädchen mit jedem illegitimen (außerehelichen) Liebesakt den sozialen Absturz riskierte, vor dem die schwanger Gewordene im besten Fall der Weg in die sogenannte Muss-Ehe bewahren konnte. Mit Schaudern erinnere ich mich noch an jene Schulkameradin, die in Unterprima (12. Klasse) 1959 das Mädchengymnasium verlassen musste, weil sie »es« getan und »es« nicht ohne Folgen geblieben war. Und selbst das legitime, von Frauen erwartete Kinderkriegen wurde mit aufwändiger Umstandskleidung so kaschiert, als handele es sich bei der Schwangerschaft um eine monatelang zur Schau gestellte Obszönität. Ehe die Pille auf der Woge eines reformwilligen optimistischen Zeitgeistes mit solchen Zuständen aufräumte – ein Übriges tat die Reform des

§ 218 Mitte der siebziger Jahre –, hatte das emanzipationswillige Mädchen, das einen richtigen Beruf erstrebte und das Dasein einer Hausfrau und Mutter nur als Nebenjob für später ins Auge fasste, nur die Wahl zwischen Askese, ideologischer Prüderie auf der einen und der Methode Knaus-Ogino auf der andern Seite. Von Präservativen bzw. Kondomen, damals »Pariser« genannt, hatte man zwar auch schon gehört und sie womöglich auch mal zu Gesicht bekommen. Es waren leicht eklig aussehende, weißgelblich gefärbte Hygieneartikel, die schwer geeignet waren, der unerfahrenen Liebeslust junger Mädchen Auftrieb zu geben … Man sollte sie hie und da in Apotheken, Drogerien und selten auch in der Anonymität einer Herrentoilette aus einem modernen Automaten beziehen können. Sie über den Ladentisch zu bestellen und zu bezahlen, fiel anständigen Jungs vermutlich genauso schwer wie anständigen Mädchen der Kauf von Monatsbinden oder gar den avantgardistischen Tampons – zumal dann, wenn ein Mann hinterm Verkaufstresen Dienst tat. Solche Zustände kann man sich heute kaum noch vorstellen. Sie liegen drei, vier Jahrzehnte zurück. Eine kurze Zeit, wenn man die paar tausend Jahre bedenkt, in denen Frauen keine Kontrolle über ihren eigenen Körper hatten und sozial definiert wurden als jungfräuliche Tauschware oder als Mütter und sonst gar nichts. Als Historikerin würde ich dem Zivilisationssprung von 1961 ff. noch einen Vorlauf von 200 Jahren zugestehen. Der Geschlechterdiskurs des aufgeklärten 18., des bürgerlich-nationalistischen 19. Jahrhunderts liest sich heute zwar sonderbar genug, aber das aufgeregte Geplapper seiner Teilnehmer führte weit von der klassischen Misogynie des Patriarchats weg, das so lange geherrscht hatte.

Es ist deshalb sehr wichtig, sich an die Zeit vor der Pille, vor Beate Uhse, vor der Reform des § 218, des Familienrechts, vor dem Verzicht auf die strafrechtliche Ahndung der Homosexualität und dem Verbot der Pornographie (von dem auch bedeutende Kunstwerke betroffen waren) genau zu erinnern. Man ist dann vor jener nostalgischen Verklärung alter Werte und moralischer Zustände gefeit, welche gerade heute die Generation der 30- bis 40-jährigen, die Kinder der »Altachtundsechziger« auf der Suche nach der Zukunft umtreibt. Während ihnen die Gewinne der sexuellen Revolution so selbstverständlich geworden sind, dass sie darüber kein Wort verlieren mögen, markieren sie Enttäuschungen und neue Probleme als Kritik an der antiautoritären Erziehung und der sexuellen Liberalisierung der Elterngeneration.

Den Grundstein zu ihrem Unternehmen hat Beate Uhse mit einer Info-Broschüre über die natürliche Methode zur Empfängniskontrolle nach Knaus-Ogino gelegt. Als »natürliche« Methode, beruhend auf der Erforschung des weiblichen Zyklus, der sich in Temperaturkurven abbilden lässt, ist Knaus-Ogino die einzige, von der katholischen Kirche zugelassene Methode der Verhütung neben der Enthaltsamkeit. Die Pille ist Katholikinnen verboten. Warum das so ist, obwohl die Pille, nicht anders als Knaus-Ogino, sich die Kenntnis des weiblichen Zyklus und seiner hormonellen Obertöne zunutze macht, ist erklärungsbedürftig. Im Rückblick auf die sechziger Jahre, als weder die Pille noch hippe Präservative in Rot, Grün und Schwarz verbreitet waren, vermute ich, dass Knaus-Ogino den biblischen Eva-Fluch so deutlich verlängerte, wie ihn die Pille oder die Erlaubnis zur Abtreibung unter gewissen Umständen später verschleierte …

Die Praxis von Knaus-Ogino erfordert die Strenge einer Nonne mit der preußischen Disziplin eines Finanzbeamten zu kombinieren. Es galt, jeden Morgen zur gleichen Zeit die Temperatur zu messen und in Form einer Kurve in ein Büchlein einzutragen. Eine neue literarische Gattung wurde geboren: das Ovulationstagebuch! Disziplinierte Schreiberinnen, die ansonsten noch mit einer robusten und infektionsgefeiten Konstitution gesegnet sein mussten, brachten es weit in der Kunst, empfängnisfreie Tage zu ermitteln. Neben Rechenkunst und Disziplin benötigten sie zur Durchführung der »natürlichen« Methode der Geburtenkontrolle aber auch noch einen opferungswilligen Partner. Ganz genauso wie die junge Frau sollte und durfte er seine Liebe und seine Lust über all den Rücksichten auf weibliche Emanzipation und Empfängnisverhütung ja nicht gänzlich verlieren. Unterm Strich erübrigt bei der streng und verantwortungsvoll gehandhabten Methode Knaus-Ogino ein freies Intervall von maximal zwölf Tagen. Und auch über diesem schwebte der Verdacht... Es gab nämlich unvermutete, irreguläre Eisprünge, vor denen einen keine Disziplin schützte. Dann kam die Pille. Anfangs wurde sie unter Studenten so schwarz gehandelt wie heute Ecstasy auf der Loveparade. Es waren durchweg männliche Frauenärzte, die plötzlich auf den Listen aller progressiven Uni-AStAs in Westdeutschland auftauchten. Sie waren willens, auch unverheirateten Frauen die »Anti-Baby-Pille«, wie sie schnell getauft wurde, zu verschreiben. Diese Gnade wurde einem aber nur zuteil, wenn man sich regelmäßigen gynäkologischen Untersuchungen stellte und sich immer wieder eine Pillenpause verordnen ließ. Es fiel dem Patriarchat, der Gesellschaft und selbst progressiven Frauenärzten schwer, sich der Kontrolle des weiblichen Körpers und der Reproduktion zu entschlagen und jede Frau unbevormundet ihren Weg ziehen zu lassen.

Trotz dieser Umstände überwog bei den jungen Frauen die Freude, eine chronische Ängstlichkeit gegen eine neue Unbefangenheit eingetauscht zu haben, auch wenn sie pharmakologisch erzeugt werden musste.

Dann kamen den Ersten die Zweifel, gegründet auf den Nebenwirkungen und langfristigen Risiken, die mit der Pilleneinnahme verbunden sein konnten. Anderen Frauen fiel plötzlich auf, dass Verhütung, über deren Sicherheit man sich gerade noch gefreut hatte, nicht bloß Sache der Frauen, sondern auch der Männer zu sein hatte; denn fast zeitgleich mit der Freigabe der Pille auch für junge Mädchen und unverheiratete Frauen entstand ja die zweite Frauenbewegung. Eines ihrer Hauptthemen wurde, je länger sie dauerte, desto zentraler, die Kritik der männlichen Sexualität, ausschließlich in allen Facetten ihrer Rücksichtslosigkeit und Brutalität. Warum, so wurde gefragt, weigern sich Männer, die altbekannten Präservative zu benutzen, und zwingen Frauen eine teure Dauermedikation auf? Alternativen wurden gesucht. Das »Bewegungslesbentum« entstand, fußend auf der Überzeugung, dass die patriarchale Liebeskunst ohnehin nichts taugt und sexuelle Präferenzen der Einsicht folgen können. Die lange Litanei der sexuellen Gewalt dauert bis heute, und angesichts ihrer Dauerpräsenz drängt sich einem die Frage auf, ob es eine sexuelle Revolution (mit der Pille als Teilstück) überhaupt je gegeben hat oder ob wir einer Täuschung erlegen sind. Es sind ja nicht bloß alte Konservative und Fundamentalisten aller Art, die von einer Pornographisierung des Alltags sprechen, die fortschreitende Kommerzialisierung des Sexuellen beklagen und die Vermarktung junger, ja kindlicher Körper neben den althergebrachten weiblichen als Indiz für einen bedrohlichen Wertezerfall anführen. In diesen Chor stimmen längst viele ein, die sich sonst als aufgeklärt, liberal und progressiv bezeichnen würden. Eine Rückkehr zu Zuständen in der Zeit vor der sexuellen Liberalisierung (als die sich die »Revolution« längst entpuppt hat) fordert zwar niemand. Das wurde jüngst deutlich, als sorgfältig vermieden wurde, Lebensschutz und Menschenwürde auf alle Embryonen und nicht nur die von »verbrauchender Forschung« betroffenen zu beziehen. Im Ernst möchte auch niemand die »Alleinerziehende« zurückverwandeln in die ledige Mutter mit einem unehelichen Kind, dem automatisch ein Amtsvormund zugeteilt wird. Keiner will die Wiedereinführung des Kuppeleiparagraphen, der Reiseleiter, Eltern und einen Haufen anderer Leute in Teufels Küche bringen könnte. Keiner möchte Zustände wieder haben, in denen einem schwangeren Mädchen der Schulbesuch untersagt und das Abitur unmöglich gemacht wird. Die Liste der Veränderungen, die die sexuelle Liberalisierung mit sich gebracht hat, ist sehr, sehr lang. Mit der einen oder anderen ist man vielleicht nicht einverstanden – erinnert sei an die kürzliche Auseinandersetzung um die sogenannte Schwulenehe oder Bemühungen, Prostitution als Beruf anzuerkennen –, ansonsten herrscht ein sexualmoralischer *common sense* bei den

Kirchen, den Parteien, den Pädagogen und schon gar den Eltern und Jugendlichen, der völlig vergessen lässt, wie frisch, wie neu und umstürzend all diese Veränderungen doch im Kern sind. Was sind 30 Jahre in der Geschichte der europäischen Gesellschaften (von anderen zu schweigen), in denen die strikte Kontrolle der weiblichen Sexualität vor allem die Grundlage der sozialen Organisation bildete? So erkläre ich es mir jedenfalls, warum die Akzeptanz der Veränderungen im Einzelnen einhergeht mit einem großen Unbehagen, das sich in der Metapher der Grenzziehung vage genug artikuliert. Nicht nur Kinder brauchen Grenzen, auch wir Erwachsene, Forscher, Ökonomen und Kampfhundfans benötigen den willkürlichen Entschluss zum Stopp: Bis hierher und nicht weiter!

Falsch: Es gab jenen kurzen Moment, in dem die Aufhebung überflüssiger sexueller Repressionen, die Erfindung der Pille und die Reform des §218 ein Versprechen auf Instantglück abgaben. Die Abschaffung alter Ängste und Ungerechtigkeiten standen im Vordergrund der Hoffnungen und Erwartungen. Die neue sexuelle Freiheit der Männer und vor allem der Frauen, die vor 40 Jahren begann, hat aber noch keinen neuen Inhalt. Die Erwartungen waren groß, an den Enttäuschungen haben wir zu schlucken. Damals dachte man, dass die Entkoppelung der Sexualität von der Reproduktion eine feine Sache wäre und ohne Probleme zu regeln. Weit gefehlt! Trotz Pille, allseits auf riesigen Plakatwänden wegen Aids populär gemachten niedlich farbigen Präservativen und einer schon fast allzu aufdringlichen Sexualaufklärung, die neben der Verhütung längst auch Sexualtechniken und Ängste aller Art zum Thema hat, sind wir keine Gesellschaft geworden, in der Sexualität zur zentralen unbelasteten Glückserfahrung der Menschen befreit wurde.

Glaubt man den Umfragen der Sexualwissenschaftler, steht der öffentlich zelebrierte Umgang mit dem Thema Nr. 1 in scharfem Gegensatz zu erlebter Frustration, Unlust und Unglück im Alltag allzu vieler Menschen. Vor wenigen Jahren veröffentlichte ein Darmstädter Oberschüler die niederschmetternden Eindrücke, die er sich in vertraulichen Gesprächen vom quasi nichtvorhandenen Liebesleben seiner Altersgenossen gemacht hatte. Die Hälfte der Frauen, die die Pille nehmen, soll über Unlust und Mangel an sexuellem Begehren klagen. Die Koitusfrequenzen, hart gesprochen, sinken im Vergleich zu den Daten, die man in den siebziger Jahren ermittelt hat.

Vielleicht spiegeln solche Eindrücke und Zahlen nur die Fallhöhe der Erwartungen, die man einmal an eine liberale Sexualpolitik und sichere Verhütungsmethoden gehabt hat. Vielleicht müssen wir uns heute mit der ideologischen Überfrachtung der ersehnten freien und natürlichen Sexualität, von der wir keine Ahnung hatten, gründlicher auseinandersetzen. Offenbar ist Sexualität keine Annehmlichkeit, die man sich jetzt gönnen kann wie das Auto, die größere Wohnung und die große jährliche Urlaubsreise. Sind die einfachen Hindernisse beseitigt, treten die großen hervor. Sexualität braucht Raum und Zeit, ein Fluidum von Großzügigkeit und Verschwendung. Als ein Punkt der von jedem Mann und jeder Frau erwarteten Personal-, Karriere- und Freizeitplanung gerät sie in den Sog einer Rationalität, die mit der Freiheit die Lust tötet. Wenigstens in diesem Punkt hatte die untergegangene DDR nach allem, was man heute in Erfahrung bringen kann, uns etwas voraus. Das Liebesleben blühte, das Privatleben genoss (sicher auch wegen Mangel an Alternativen) oberste Priorität. Sorgen wegen Arbeitslosigkeit, Sorgen, den Karriereanschluss zu verpassen, musste sich niemand machen, und aus dem Privatleben hielt sich der sonst so autoritäre Staat heraus. Ja, durch die großzügige Privilegierung von Müttern und Kindern lieferte er sogar ein Begleitprogramm, das man nicht bloß sozialpolitisch interpretieren sollte. Es war auch ein Programm, das den Launen der Liebe und den Schicksalen der Sexualität Raum und Zeit gewährte.

Der Text erschien am 04.08.2001 unter dem Titel
»Die innere Sicherheit« in der *Hannoverschen Allgemeinen Zeitung*.

FRAUEN MIT KOCHSTÖRUNGEN
Eine Forschungslücke

Frauen werden zwar im Schnitt älter als Männer, sind aber auch viel öfter krank, weshalb eine Krankenversicherung auf dem freien Markt sie auch sehr viel teurer zu stehen kommt als die Männer. Was natürlich gemein ist; denn erstens können Frauen ja nichts dafür und zweitens verdienen Männer, wiederum statistisch gesehen, viel mehr Geld als sie. Wer solchen Gemeinheiten nicht ausgesetzt sein will, muss sich beruflich, wie meine Mutter mir seinerzeit auch dringend geraten hat, im öffentlichen Dienst ansiedeln und möglichst den Status der Lebenszeitbeamtin anstreben.

Was sich aber auch dort nicht vermeiden lässt, ist das Leiden an der »Krankheit Frau«, wie vor Jahren Esther Fischer-Homberger die medizinische Verschwörung des Patriarchats gegen uns genannt hat. Trotz vieler Fortschritte seitdem sind die Kochstörungen der Frauen ein verbreitetes und vielfältiges Krankheitsbild, Terra incognita geblieben. Denken Sie bei Kochstörungen nicht daran, dass menstruierende Frauen keine Gurken einlegen und keine Marmelade kochen sollen, wie früher behauptet – die Gurken werden schlecht und die Marmelade geliert nicht. Nein, Kochstörungen haben gravierendere Ursachen und ziehen erheblichere Folgen nach sich.

Es ist doch so, dass Frauen, die ungefragt und ununterbrochen kochen müssen, über so viele tausende Jahre, wie das Patriarchat nun schon dauert, der Sache, deren Bedeutung sie im Prinzip ja einsehen, sehr überdrüssig sind. Was koch ich morgen? Diese Frage kann schon deshalb nerven, weil schlimmer als das »Was« das schicksalhafte »dass« drückt. Egal was, dass gekocht werden muss, steht fest. Wenn man dann noch erlebt, wie die Abnehmer herummaulen, wenn man Spinat und Spiegelei oder sonst etwas idiosynkratisch Besetztes und Abgelehntes annonciert, sinkt die Motivation gegen null. Anwandlungen solcher Art sind mir nicht fremd, weil zum Beispiel mein Hauptabnehmer Herr R. dramatische Augenaufschläge sehen und Seufzer hören lässt, wenn ich ankündige, dass morgen Ratatouille auf den Tisch käme. Als hartgesottener Fleischfresser vermisst Herr R. in diesem und manch anderem schönen Rezept das Fleisch! Mich wundert nicht, dass eine der wichtigsten Erziehungsregeln und familiären Benimmvorschriften in den goldenen Zeiten der Prügelstrafe lautete: »Gegessen wird, was auf den Tisch kommt!« Eine Reverenz dann doch vor zu lebenslang verurteilten Kochsklavinnen. Wenn die eine Hälfte der Menschheit ohne Ansehen der Person zum Kochen verurteilt wird, muss man sich nicht wundern, wenn sie Kochstörungen entwickelt. Warum gibt es, trotz langer Übung und Erfahrung, keine weiblichen Fünfsterneköche? Männer wählen einen Beruf und sind vielleicht sogar talentiert und berufen. Frauen sind vom Schicksal zum Kochen verdammt – und Ehrgeiz gedeiht nun einmal nicht ohne eine schöne Prise Freiheit und Selbstbestimmung. Ich zweifle nicht einmal daran, dass Väter die besseren Mütter wären, wenn sie sich einmal dran machten... Und auf dem Gebiet des Kinderkriegens, Betreuens und Erziehens sollten die Frauen doch wirklich die Nase vorn haben!

Ein weiterer Nährboden für weibliche Kochstörungen ist die verbreitete Kritik am weiblichen Körperfett. Die Frage, ob Männer oder Frauen diese Kritik üben, ist hier nicht zu entscheiden. Fest steht, dass Frauen, die sich selbst zu dick finden, schlechte Köchinnen sind. Sie begehen den Kurzschluss, dass nicht bloß das Essen selbst, sondern schon die Beschäftigung mit ihm, das Kochen also, dick macht. Das sind unbewusste Vorgänge, die zum Ungeschick führen. Rezepte werden falsch ausgesucht und spartanisch ausgelegt. Oder es wird aus Gesundheitsgründen ein familiärer Fastentag eingelegt, an dem jeder sehen muss, wo er bleibt ... Frauen, die sich selbst auf Diät gesetzt haben, sind natürlich die schlimmsten

Köchinnen. Sie reüssieren nicht einmal im Kinderladen, wo zwar die Nudeln immer willkommen sind, der Sugo dazu aber doch ohne eine Prise Zucker, eher einen Löffel, nicht auskommt. Wenn Kinder von kochgestörten Frauen bekocht werden, braucht man sich wirklich nicht zu wundern, wenn sie schließlich Ketchup verlangen und Junkfood favorisieren.

Ich meine, dass Frauen, die nicht gern kochen, ihren Pflichten so lange genügen sollen, bis bessere Zeiten anbrechen. Gäste sollten sie auf keinen Fall bewirten. Wozu gibt es Stadtküchen, Party-Services und in nächster Nähe einen netten »Italiener«? Ich habe es mal erlebt, wie eine kochgestörte Frau, die ihre Krankheit schlichtweg ignorierte, mich und die anderen Gäste fast vergiftet hat. Zu später Stunde improvisierte sie einen mitternächtlichen Imbiss mit einer Tomatensuppe, deren Verfallsdatum lange zurückliegen musste. Wurde mir schlecht! Diese Dame fühlte sich verpflichtet, uns zu bewirten, obwohl ihr das gar nicht lag. Auch hier gilt für Frauen: Öfter nein sagen! Und gegebenenfalls den erstbesten Pizzadienst rufen.

Kochgestörte Frauen erkennt man aber auch an anderen, weniger lebensgefährlichen Besonderheiten. Ich habe immer bestätigt gefunden, dass allzu sauber geputzte Küchen im Hinblick auf die Köchin wenig versprechen. Zu viel Ordnung, die nach dem Kochen hergestellt wird, mahnt an den Versuch des Ungeschehenmachens. Die Küche ist ein Tatort, den der Täter flecken- und spurenlos zurücklässt...

Subtiler ist die Verweigerung des richtigen Würzens. Man könnte die Defizite der Emanzipation an der Frage aufhängen, warum Frauen Pfeffer und Salz nicht richtig handhaben können und wollen. Was habe ich mich als junge Frau mit meiner Mutter über ihr sogenanntes Gulasch gestritten! Es sind Erfahrungen, die viele Frauen meiner Generation gemacht haben: Die Lahmheit mit dem Salz- und Pfefferfass (von anderen Würzen zu schweigen) ist auf die Frustration einer enttäuschten und aggressionsgehemmten Mütter- und Köchinnengeneration zurückzuführen, die sich nichts wirklich getraut hat. Das Problem scheint immer noch aktuell. Viele junge Leute verlangen, noch ehe sie einen Happen gekostet haben, nach dem Salzfass, auch an meinem Tisch, obwohl ich, wie Herr R. immer wieder überrascht bemerkt, gern »jenseits der Pfeffergrenze« siedle. Weit jenseits, muss ich – vermutlich handelt es sich um eine Reaktionsbildung auf die mütterliche Laschheit – wirklich zugeben.

Natürlich vererben Mütter ihre Kochstörungen auf die Töchter. Meist und viel auffälliger in der Form von Essstörungen. Zu Bulimie und Anorexie habe ich es zwar nicht gebracht, aber die Anlage war da. Als Oberschülerin negierte ich den Hauptsatz der Familienküche: Der Mensch braucht eine warme Mahlzeit am Tag! Nö.

Als selbständig lebende und unkontrollierte Studentin experimentierte ich dann lange mit Hunger und Askese, mit Diätplan und Völlerei zum endgültigen Abgewöhnen. Immer schön abwechselnd. Jahre des Grauens!

Die Anerkennung der Kochstörung als weibliche Krankheit hätte weiterreichende Folgen als so manches Gesetz zur Gleichstellung. Jeder Mensch muss essen, aber Frauen müssen deshalb nicht kochen. Selbst Mütter könnten Auswege finden, ehe sie mit lustlos und schlecht gekochtem Essen ihre Kinder, speziell ihre Töchter vergiften. Keine Ideologie bezüglich natürlicher, gesunder und phosphatfreier Lebensmittel, umweltschützerischer und vegetarischer Lebensweise sollte Frauen von der Selbstprüfung abhalten: Koche ich gern? Oder will ich, nach ein paar tausend Jahren Pflicht und Zwang, mal eine Besinnungspause einlegen? Der ernsten Forschung wegen der weiblichen Kochstörung will ich damit aber nicht vorgreifen.

Der Text erschien am 31.03.2002 unter dem Titel
»Das Was-gibt's-morgen-zu-essen-Syndrom«.

Die Abenteurerin
*Ein Kapitel aus der Phänomenologie der Weiblichkeit oder:
Brave Mädchen kommen in den Himmel, böse überallhin*

So kleinkariert und unaufgeklärt, um nicht zu sagen: dumm wie im Umgang mit Susanne Osthoff hat man die deutsche Öffentlichkeit lange nicht erlebt. Ich dachte eigentlich, wir wären schon *more sophisticated* und die Bibliotheken voller schlauer Bücher über die weibliche Emanzipation hätten neben der fleißigen Reisetätigkeit der Deutschen doch zu mehr Weltoffenheit und neugierigem Sinn für ungewöhnliche Menschen geführt. Ich habe mich getäuscht. Zumindest Frauen müssen wohl immer noch lange tot sein und Patina angesetzt haben, ehe ihr unkonventionelles Leben gewürdigt, ihr Mut und ihre Risikobereitschaft womöglich sogar einmal als vorbildlich gefeiert werden dürfen. In Büchern sind sie uns recht, in Wirklichkeit messen wir Frauen wie Osthoff gnadenlos an unserer Konformität.

Wie viele Geschichten von Frauen kennen wir, die sich an die Devise ängstlicher Kleinbürger, unkündbarer (oder Unkündbarkeit anstrebender) Angestellter, Eigenheimbesitzer und anderer Elemente nicht so gehalten haben, wie Psalter 37,3 rät: »Bleibe im Lande und nähre dich redlich!« Unausgesprochen wurde er Susanne Osthoff zum Verhängnis, so wie er, oft genug auch laut gepredigt, zur Einschüchterung von Generationen ehrgeiziger Aufsteiger, phantasievoller Mädchen und Frauen gedient hat, die mehr wollten, als auf den getrampelten Pfaden der Konvention noch einmal zu wandeln. Was will die Frau im Orient, wo sie doch eine Tochter zu erziehen hat? Vor dieser Aufgabe »im Lande« konnten die Leidenschaft und das Engagement von Osthoff für den Irak, seine Menschen, seine Kultur aus Sicht des ewigen deutschen Kleinbürgers natürlich nur als Pflichtvergessenheit erscheinen. Die Frau tut sich wichtig, hält sich wohl gar für was Besseres! Das ist im Kleinbürgerland trotz allen Starkults genauso verboten wie die freie Wahl einer Seelenheimat in der Fremde. Nichts hat die Leute ja mehr empört als das wiederholte Bekenntnis von Osthoff, trotz Geiselnahme und Todesangst, von dieser auch in Zukunft nicht zu lassen und keineswegs reumütig auf die deutsche Scholle zurückzukehren.

Womit ich bei der deutschen Öffentlichkeit bin, die viel Sinn für die Mühseligen und Beladenen, die Armen und die Kleinen, aber gar kein Verständnis für Leute hat, die jenseits des Sozialgesetzbuchs aus der Reihe tanzen. Unter Öffentlichkeit verstehe ich erstens die Schreiber, die an die Zeitungen, die Familie von Osthoff, aber auch an den Bürgermeister von Glonn, wo sie länger gewohnt hat, Briefe geschickt haben. Samt und sonders von engherzigster Denkungsart, voller Besserwisserei und Vorwürfen. Zweitens ist Öffentlichkeit eine Medienselbstaufführung. Man nimmt sich selber wichtig, und die Berichterstattung geht baden. Peinlich das ZDF, das seine Ambitionen mit einem geschnippelten, quasi zensierten »Interview« der gerade befreiten Geisel einzulösen gedachte. Wir mussten die Frau vor sich selber schützen, behauptete die Moderatorin. Jedenfalls wurde Susanne Osthoff dem Fernsehpublikum als wirre und unverantwortliche Frau vorgeführt. Wegen dieser Irren, so ärgerte sich der Fernsehzuschauer und Zeitungsleser, hat man sich aufgeregt, Anteil genommen am Schicksal der ersten deutschen Geisel im Irak und als Steuerzahler womöglich gar 5 Millionen Dollar für die Rettung einer Frau verschwendet, die als schlechte Tochter, schlechte Mutter, als Muslima und Weihnachtsverächterin doch gar nicht mehr zu uns gehört? Die Wahrheit über Susanne Osthoff kenne ich nicht. Ich würde sie auch nicht kennen, wenn ich, wie etwa die *Stern*-Reporter, ganze elf Stunden mit ihr hätte reden dürfen. Bei der Medienselbstaufführung wird die Unmittelbarkeit als Wahrheitslieferant überschätzt. Zuletzt war Osthoff bei Beckmann in der ARD. 3,6 Millionen Zuschauer sollen dabei gewesen sein, ein Marktanteil von 22,5 Prozent ist erreicht worden ...

Gelesen habe ich, dass Susanne Osthoff von vier Kindern das einzige war, das Abitur machen und also studieren konnte. Erinnert sich noch wer an den Zieltyp der Bildungsreform in den Siebzigern? Das katholische Arbeitermädchen vom Lande in Bayern? Susanne Osthoff passt immer noch ins Klischee. Dass sie dann noch nicht einmal aufs brave Lehramt studiert, sondern Archäologie wählt und in jungen Jahren an Expeditionen teilnimmt, später einen Beduinen heiratet, zum Islam konvertiert und was weiß ich sonst noch an Risiken eingeht... Den Irak zur Seelenheimat erwählt und sich seit dem ersten Irak-Krieg für die Menschen dort und ihr Kulturerbe einsetzt ... Ein Mädchen, eine Frau, die all das tut, ist nie normal, nie vernünftig gewesen. Konnte es nicht sein, denn sonst wäre sie als Verkäuferin bei Aldi geendet, wie Osthoff selbst im Rückblick auf die Enge ihrer Herkunft einmal bemerkt hat. Sie musste furchtbar übertreiben, wenn sie rauskommen wollte aus dem kleinkarierten Milieu ihrer Familie, wo Sicherheit mehr zählte als Freiheit. Professoren, mit denen Osthoff gearbeitet hat, haben ihr ein gutes Zeugnis ausgestellt. Von anderen las man nach der Entführung und Befreiung nicht so Gutes. Osthoff sei schwierig – stur und eigensinnig, und so schlecht, wie sie heute mit den Medien kooperiert, so schlecht sei sie mit Vereinen, Verbänden, Institutionen immer schon zurechtgekommen.

Als Abiturientin und Studentin aus einer Arbeiterfamilie muss Susanne Osthoff erst einmal als Aufsteigerin verbucht werden. Als Mädchen außerdem konnte sie ihre Emanzipation nicht ohne eine hohe Dosis von Wahnsinn und privater Brutalität in Wirklichkeit umsetzen. Jahrelang hatte sie keinen Kontakt mit ihrer Mutter und ihren Geschwistern, die sich dennoch für ihre Befreiung jüngst tapfer ins Zeug legten. Mit dieser Botschaft wussten die Medien natürlich nichts anzufangen. Als Aufsteigerin aus der Unterschicht hat Osthoff aber mit einem weiteren schweren Handicap zu kämpfen. Sie verfügt über null soziales

Kapital, egal, wie tapfer und engagiert sie auch sein mag. Wie man Leute behandelt, mit den Vertretern von Institutionen und den Medien schmerzfrei umgeht, davon hat diese Frau keine Ahnung. Woher auch? Wo sie ihre Kraft damit verbraucht hat, die Grenzen ihrer Herkunft mit eigenen Träumen zu überwinden und dabei nolens volens über den Rand geraten ist. Gibt es für solche Frauen wie Susanne Osthoff immer noch keinen Platz in unserer Gesellschaft? Leute gab es, die hatten immerhin die Idee, Osthoff für einen Grimme-Preis vorzuschlagen. Sie hat ihn leider nicht bekommen, obwohl es ihr mit links und ohne Absicht gelungen ist, die Mediengesellschaft und ihre Gesetze vorzuführen wie keinem Protagonisten bisher. Sie hat sich nicht als Opfer vereinnahmen lassen, sondern ist ihrer gewählten Rolle als Gesinnungstäterin und Helferin im Irak treu geblieben. Auch die Verlockung, sich als brave Tochter und liebende Mutter im Kerzenschein des Weihnachtsbaums der deutschen Öffentlichkeit im Fernsehen oder sonst wo dankbar zur Verfügung zu stellen, hat sie verschmäht. Die Versöhnung des steuerzahlenden Kleinbürgers hat sie ausgeschlagen, der für angebliche 5 Millionen Dollar diese verantwortungslose Abenteurerin, schlechte Tochter, böse Mutter zurückgekauft hat. Eine Frau, für die man sich zwar nicht engagiert hat wie die Italiener oder Franzosen in ähnlichen Fällen – aber aufgeregt hat man sich schon. Und dann kam die Enttäuschung wegen eines Gefühlsbades mit der endlich bekehrten deutschen Frau. Gegen das übliche Medien-Melodram blieb Osthoff die Frau, die sie ist und kein »Beckmann« mit der bohrenden Frage nach ihren »Gefühlen« ist ihr auf die Spur gekommen. Kein Wunder, denn die Medienöffentlichkeit interessiert sich, da ist kein Unterschied zwischen *BILD* und dem intelligenten Fernsehmoderator im öffentlich-rechtlichen Fernsehen, vorzüglich für sich selbst. Für eine Geschichte, die man nach bewährten Gesetzen verkaufen kann.

Apropos Lösegeld. Das Missfallen an einer *unruly* Person, das Osthoff, die Individualistin und Einzeltäterin auch anderswo ausgelöst hat, wurde offenbar noch einmal, als Geld in ihrer Habe entdeckt wurde, das aus dem Lösegeld stammte. Zu kritisieren ist nicht, dass man ihre Habe durchsuchte, während sie duschte. Aber es ist ein Skandal, dass Routine-Ermittlungen sofort an die Medien weitergeleitet wurden und es dem privaten Engagement eines Journalisten zu verdanken war, dass die Verantwortlichen eine Beteiligung Osthoffs an ihrer Entführung schließlich dementierten. Aber kein nachgereichtes Dementi ist so wirksam wie die Lust am Verdacht, am Skandal, der Enthüllung im Zeichen der immerwährenden Erregung, derer sich die Medienöffentlichkeit verschrieben hat. Aufklärung und Information sind was anderes!

Der Text erschien am 14.01.2006 unter dem Titel
»Die Abenteurerinnen« in der *taz*.

Die Monroe wird 80
Sexappeal vs. gender mainstreaming

Jubiläen werden viele begangen in diesem Jahr. Von Freud, Beckett über Mozart zu Benn und Brecht sind natürlich wieder nur große Männer ihr Anlass, so könnte man seufzen. Aber wir haben noch Marilyn Monroe aufzubieten, die am 1. Juni runde 80 wird! Zwar hat sie schon im Alter von nur 36 Jahren die Welt der Lebenden verlassen, aber ihr Werk ist erhalten, ihre großen Filme ebenso präsent wie ihre vielen Bilder, die den Status von Ikonen erworben haben und ohne Erklärung auch zu den Nachgeborenen sprechen. So populär wie Andy Warhols farbige Siebdrucke von Monroes lächelndem Gesicht mit den schmalen Augen unter halb gesenkten Lidern ist kein Kunstwerk im Postershop so lange gewesen.

Ob Marilyn Monroe 1962 Selbstmord begangen, ohne Absicht dem unkontrollierbaren Medikamenten- und Alkoholmissbrauch ihrer späteren Jahre zum Opfer gefallen ist oder gar wegen ihrer Verbindung zu den Kennedys ermordet wurde, war und bleibt Anlass zu Spekulationen. Bei der Zahl der Bücher, die über sie geschrieben wurden und noch werden, konkurriert sie nur mit Charlie Chaplin.

Jüngstes Beispiel: das aus einer dicken Berliner Dissertation hervorgegangene Buch eines Kulturwissenschaftlers. Lassen wir die Wissenschaft beiseite – der Autor, auch ein Nachgeborener vom Jahrgang 1966, hat getan, was vor ihm schon viele versucht haben: Marilyn Monroe post mortem zu retten. Viele machten die gnadenlose Filmfabrik Hollywood im Nachhinein für ihren frühen Tod verantwortlich – ein Hollywood nebenbei, auf das die Tochter einer Filmcutterin ihren ganzen Ehrgeiz gerichtet hatte. Wer ihr Vater war, wusste sie nicht, nährte aber die Phantasie, dass es ein Star war – womöglich Clark Gable, mit dem sie dann ihren letzten Film drehen sollte (*Misfits*). Die Mutter überlebte sie um Jahrzehnte, allerdings vorzüglich in wirren Verhältnissen und psychiatrischen Anstalten, woraus folgte, dass das Mädchen einer unendlichen Abfolge von Betreuern und Institutionen ausgesetzt war. Kein Wunder, dass dieser Beziehungswirrwarr die Monroe mit wenig psychosozialem Kapital ausgestattet hat, um die Anforderungen an einen Star auch als Privatperson lange auszuhalten. Ein Wunder eher, dass sie es in diesem harten Geschäft mit diesen Handicaps überhaupt bis ganz nach oben geschafft hat. Erklärungsbedürftig ist also weniger ihr früher Tod als die Tatsache, dass ihre Attraktion nicht historisch geworden ist wie die von Dietrich, Crawford, Russell, Bette Davis und vielen anderen, sondern mit den Jahren eher noch zugenommen hat. Wenn das Büro einer Potsdamer Professorin heute durch ein Monroe-Poster belebt wird, dann kommt man doch, zumal es sich da um eine bewanderte Feministin handelt, ins Grübeln. Was hatte die Monroe, was andere nicht hatten, und was macht diesen Star bis heute nicht nur für Männer, notorisch verblendet, sondern genauso für Frauen so anziehend?

Halliwells Filmlexikon resümiert Leben, frühen Tod und Karriere der Monroe knapp, aber weiterführend: »The pity was that she had real talent as well as sex appeal.« Mitleid und Mitgefühl haben Andreas Jacke zu einer männlichen Rettungsphantasie inspiriert, die ins Freud-Jahr zu passen scheint. Die Monroe ließ sich von vielen *coachen*, war deshalb auch viele Jahre, wie es damals Mode war, auch bei einem *shrink*. Weil sie ebenso berühmt wie hilfsbedürftig war, traf sie bei Dreharbeiten in London Anna Freud, die sie zur Betreuung an Marianne Kris in New York, dann an einen befreundeten Analytiker in Los Angeles weitervermittelte. Dem war es beschieden, die Tür zu Monroes Wohnung gewaltsam öffnen zu lassen und seine Patientin tot vorzufinden... Die Hypothese des Kulturwissenschaftlers Jacke, der weniger an Freud als an Lacan glaubt: Marilyn Monroe ist falsch behandelt worden und hätte nicht so früh sterben, so unglücklich vorher leben müssen, wenn ein Lacanist mit ihr die Probleme der Symbolisierung statt des Narzissmus bearbeitet hätte. In seiner Pathographie lässt Jacke nicht nur die Kunst der Komödiantin Monroe aus, die wir in ihren Filmen heute noch bewundern, sondern auch die Zeit und die Umstände im damaligen Hollywood. Mit dem Talent und dem Sexappeal der Monroe wusste man damals kaum mehr anzufangen, als sie für die Rolle der naiven, verführerischen Blondine zu *casten*, deren pragmatische Intelligenz bestenfalls hinreichte, sich einen Millionär zu angeln und ihr gutes Herz auch noch als *golddigger* zu beweisen. Hört man sich um, dann gibt es aber viele, die ihr negatives Monroe-Bild inzwischen korrigiert haben und zu Fans geworden sind, auch wenn sie keine späten Rettungsphantasien entwickelt haben wie der Wissenschaftler Jacke. Zu Zeiten rigider Geschlechterhierarchie und dem Kampf dagegen hatte man über Jahrzehnte weder Sinn für das, was sie als Schauspielerin konnte, und noch weniger für das, was sie, wie keine vor ihr und nachher im Film verkörpert hat: weiblichen Sexappeal.

Was das ist, kann man erst heute erkennen, wo der Kampf um Gleichberechtigung der Frauen jedenfalls prinzipiell gewonnen ist. Marilyn Monroe hat in vielen Filmen Rollen gespielt, die ihren Sexappeal benutzt und ihn gleichzeitig mal mehr, mal weniger lächerlich gemacht haben. Das gilt selbst für ihre besten Filme wie *Das verflixte siebte Jahr* oder *Manche mögen's heiß*, bei denen Billy Wilder Regie führte. Ihr Leben war kurz und unglücklich, mit ihr am Set zu arbeiten der Horror, wie vielfach bezeugt. Aber was sie vor der Kamera zeigen konnte, versöhnte auch die Hartgesottensten: Sie war dann auf eine Art präsent, wie es keine Frau in Hollywood je gewesen ist. Wer sich heute ihre Filme noch einmal ansieht, erkennt nicht nur den Widerspruch zwischen der Vermarktung der Monroe als Sexgöttin im Hollywood der fünfziger Jahre (des 20. Jahrhunderts), ihrem Talent als Komödiantin und ihrem Lebensunglück – er lernt dann auch, zwischen »sexy«

und Sexappeal einen Unterschied zu machen. Selbst Frauen können sich den ja inzwischen leisten. »Sexy« ist eine inzwischen konventionelle und aggressive Inszenierung postfeministischer Weiblichkeit – Sexappeal dagegen ein Glücksversprechen. Die Monroe hat das zwar damals schon verkörpert, aber man traute sich so etwas in vorfeministischen Zeiten weder zu sehen noch zu denken oder zu sagen. Heute dagegen wartet man auch in ihren schlechten Filmen auf das Erscheinen der Monroe. Sie glänzt und strahlt, egal, wie dämlich ihre Rolle. Traurig, dass ihr auf Erden nicht zu helfen war.

Der Text erschien am 01.06.2006 unter dem Titel
»Das Glücksversprechen: Zum 80. Geburtstag von Marilyn Monroe«
in der *Frankfurter Rundschau*.

Der Feminismus
heisst immer noch Alice!
Warum Schwarzers Lektionen nicht mehr zünden

Der Zeitgeist von '68 war in Westdeutschland vor allem drei Projekten günstig: der Bildungsreform, der Liberalisierung sexueller Sitten und der Emanzipation der Mädchen und Frauen. Schülerförderung, die Abschaffung der §§ 175 und 218 – alles liegengelassene Projekte der ersten deutschen Republik, die nach dem Ende des Dritten Reichs lange nicht wieder aufgenommen wurden.

Alice Schwarzer, Jahrgang 1942, hat die lange Nachkriegszeit ebenso miterlebt wie '68, zeigt aber in ihrem neuen Buch [*Die Antwort*, Köln 2007] nicht die geringste Lust, die westdeutsche Frauenbewegung aufrichtig zu bilanzieren und vor allem ihre eigene Rolle seit 1971 halbwegs plausibel und interessant darzustellen. Von keines Gedanken Blässe angekränkelt, präsentiert sich Schwarzer in ihrer neuen Meinungsübersicht – wie nun ja schon seit Jahren im Fernsehen – als die schlicht denkende Übermutter deutscher Frauen und ziemlich autoritäre Sachwalterin ihrer Interessen, Fehler und Pflichten. Sie hat immer alles richtig gemacht, Probleme todsicher früher erkannt als alle anderen, hatte das Beste der Frauen stets im Sinn, auch wenn die ihr nicht alle und nicht immer folgen wollten. Worüber sich die Übermutter nur wundern kann, weil ihre Einsichten ja *selfevident*, alle Einwände und Bedenken dissidenter Frauen bestenfalls falsch sind, öfter die Diagnose patriarchalischer Komplizenschaft begründen. Es ist dieser Habitus von unentwegt auftrumpfender Selbstgerechtigkeit und Rechthaberei, der einem Leser die Autorin Schwarzer doch recht unsympathisch und öde macht – zumal ihr Egotrip einen dann auch nicht mit originellen Ideen oder wenigstens Informationen versorgt, die die Presse uns vorenthält. Gerade engagierte Feministinnen, egal, ob in Wissenschaft oder Medien – alle, die je andere Meinungen und Strategien zum Thema Magersucht oder Mode, Pornographie oder Prostitution, sexuelle Gewalt gegen Frauen und Kinder, neuerdings vor allem Kopftuch und Islam vertreten haben – werden von Übermutter Schwarzer im neuen Buch behandelt wie Doofe oder Verräter, die sie mit leichter Hand als solche zu exponieren glaubt. Dass die Frauen der DDR zum Beispiel sich ohne Schwarzers Feminismus-Nachhilfe emanzipiert dünkten, und das doch nicht ganz ohne Grund, löst bei der Übermutter nur Hohn und Spott aus. Aber Schwarzers Begabung war nie die Analyse, eher die *action* im Einklang mit einem gesunden Volksempfinden, das seit '68 mehr und mehr auch eine Parteilichkeit für Frauen und Kinder unter der schlimmen Herrschaft des Patriarchats mit einschloss. Wer plädiert schon für Vergewaltigung und sexuelle Kindesmisshandlung, oder, um die neueste Rechthaberei von Schwarzer zu nennen, für Kopftuchzwang und Ehrenmord? Mit Aplomb rennt sie Türen ein, die in den Medien, zumal dem Boulevard und Fernsehen, längst weit offen stehen. Immer noch geriert sich Schwarzer, als enthülle sie ungescheut wichtige und unliebsame Wahrheiten, für deren Aussprechen man hohe Risiken läuft. Vielleicht – so sinniert man beim Lesen dieses ziemlich dahingehuschten Textes – war es gar nicht so günstig für die lebens- und unternehmungslustige Schwarzer, so wenig wie für die keimende Frauenbewegung in Westdeutschland, dass der Mann vom *Nouvel Observateur* gerade sie 1971 beauftragte, ein seriöses deutsches Magazin für eine Parallelaktion zur französischen »Ich habe abgetrieben« zu finden? Hatte Schwarzer vorher nämlich weder mit Politik noch mit Frauen viel am Hut, wurde sie durch den Zeitgeist-Erfolg im *Stern*, auf den wenig später ein Buch zum Thema §218 in der angesagten »edition suhrkamp« folgte, auf eine verführerische Erfolgsschiene gesetzt. Warum sollte die energische und instinktsichere, aber politisch und intellektuell nur mäßig interessierte Journalistin sie je verlassen? Selbst altgediente Feministinnen, Kritikerinnen, ja Feinde von Schwarzer starten jede Erläuterung zu ihrer Person mit der Einleitung, dass sie ja ihre Verdienste habe. Fragt man nach: »Und welche, jetzt mal genau?«, wird es umso dünner, je engagierter, informierter und intellektueller die Gesprächspartnerin ist.

Was Schwarzer von Anfang an beherrscht hat und was noch einmal vom Leser in ihrem neuen Buch nachvollzogen werden kann, ist das zeitgeistige Surfen auf den Medienwogen. Etwas anderes, als den Feminismus und seine Anliegen zu skandalisieren und damit mediengerecht zu verkaufen, ist Schwarzer nie eingefallen. *Der kleine Unterschied und seine großen Folgen* (1975) war zwar ein Riesenverkaufserfolg und soll in elf Sprachen übersetzt worden sein. Schaut man heute gelassener hin, entpuppt sich das Buch als ein Reißer mit durchschaubaren Fallgeschichten aus dem Geist der Vermischten Nachrichten – letzte Seite, *BILD*-Niveau –, das der cleveren Journalistin im Einklang mit dem profeministischen Zeitgeist erlaubte, sich an der Spitze der Aufklärung zu positionieren.

Hat die deutsche Medienöffentlichkeit den deutschen Feminismus mit dem Namen Alice versehen und Schwarzer selbst diese Fiktion akzeptiert, so war doch die Realität immer viel bunter. Das ging und geht bis heute über Schwarzers Horizont. Die Westberliner *Courage* vertrat zum Beispiel immer andere Positionen als Schwarzer und ihre *Emma*. Letztere existiert noch, Erstere ist längst untergegangen – aber dennoch fühlt sich Schwarzer in ihrem Buch bemüßigt, viele Jahre später der Konkurrenz noch heute Salz aufs Grab zu streuen. Oder nehmen wir Helmut Newton! Schwarzers Erzählung in *Emma*, hier so falsch und kurzatmig repetiert wie anderes, handelte über Misogynie und Sexismus in Newtons Bildern. Ganz nüchtern beklagte Newton dagegen nur die Verletzung der Urheberrechte an seinen Fotos auf vielen Seiten. Schwarzer hat damals den Prozess verloren, aber heute keine Hemmungen, den toten Newton, seine Stiftungen und ein

Berliner Fotomuseum, das er initiiert hat, gründlich zu verunglimpfen. Es ist nicht das einzige Mal in diesem Buch, dass der normale Leser von Schwarzer gründlich in die Irre geführt wird. Alles, was sie über Newton sagt, ist falsch und geradezu peinlich zu lesen.

Die Medienöffentlichkeit, nicht die Frauenbewegung hat Schwarzer mit der Rolle beauftragt, die nationale, deutsche Sprecherin der Frauen zu sein. Schwarzer hatte allerdings auch nie etwas dagegen, als Galionsfigur vermarktet zu werden. Egal, was gerade Thema in den zwölf schnell zusammengeschriebenen Kapiteln ist, ob Prostitution, Pornographie oder Kopftuch und Islam – Schwarzer blickt glasklar durch und wundert sich nur darüber, dass es Leute, ja Frauen gibt, die nicht ihrer Meinung sind. Die berühmt-berüchtigte Kölnerin appelliert zwar an die Solidarität der Frauen, mahnt Respekt für andere Frauen an und geriert sich überhaupt als eine Freundin der verbesserten, aufgeklärten und umerzogenen Menschheit. Das Buch selber macht den Leser aber mit einer Person bekannt, die vor Selbstgerechtigkeit und Selbstgewissheit trieft.

Mögen andere politische Irrtümer oder moralische Verfehlungen auf sich geladen haben – Schwarzer war immer auf der Seite, wo die glasklare Wahrheit herrscht oder sie sie jedenfalls vermutet. Mit Aplomb verbreitet sie inzwischen allerdings Meinungen, die man schon sehr oft gehört hat. Mögen sie einen durchschnittlichen, massenmedienkompatiblen Feminismus vertreten – bewegend sind sie nicht mehr. Sollte man sich trotzdem darüber freuen, dass Schwarzer über die Jahre hin eine Art *celebrity* geworden ist, eine Frau, die in den Medien und ganz nach deren Vorschriften den deutschen Feminismus quasi auf Abruf verkörpert?

> Der Text erschien am 16.06.2007 unter dem Titel »Jaja, sie hat ihre Verdienste – aber welche? Auch in ihrem neuen Buch gibt Alice Schwarzer die schlicht denkende Übermutter« in der *Berliner Zeitung*.

Die Generation der Klaglosen und Vernünftigen
Margarete Mitscherlich zum 90. Geburtstag

Ein paar Mal konnte ich sie auf Konferenzen und Kongressen der Psychoanalytiker mit ehrfürchtiger Neugier betrachten. Zuerst noch als Ehefrau und Mitarbeiterin des berühmt-berüchtigten Alexander Mitscherlich, der in meinen linken Studentenkreisen schon seit Anfang der sechziger Jahre eine Größe und eine Pflichtlektüre war. Später allein: eine hübsche Frau von konventionell anmutender Damenhaftigkeit – jedenfalls von außen gesehen. In einem Interview las ich neulich, dass sich auch die Neunzigjährige, seit 1982 verwitwet, noch eine sympathische Eitelkeit bewahrt hat, wie sie für Frauen, besser: Damen ihrer Generation typisch ist. Dem Interviewer verwehrte sie ein Foto wegen einer geschwollenen Nase, Resultat eines Sturzes! Wer sich in diesem Alter solche Sorgen macht, muss ein zufriedener Mensch sein. Zur Zufriedenheit, womöglich sogar zum Glück, tragen – nach Auskunft der Jubilarin in diversen Gesprächen – Friede und Freiheit in Europa bei, die vielleicht nur eine Generation so schätzen kann wie jene, der Margarete Mitscherlich angehört. Mit den Folgen des Ersten Weltkrieges in der Kindheit belastet, erlebte sie Jugend und Studium in Nazizeit und Krieg. Wenig beneidenswert. Typisch auch für diese Generation, sofern weiblich, dass Margarete Mitscherlichs Stern stieg, während der des Mannes, der ihr, der unbeholfenen Medizinerin, aufgeholfen hatte, stetig sank. Jahre vor seinem Tod 1982 kränkelte Alexander, während Margarete die von beiden schon lange favorisierte *light version* der Psychoanalyse weiter unter die Leute brachte – seit den Siebzigern unter den Fragestellungen und dem Oberzeichen des Feminismus. Den Westdeutschen, die beide aufklären und sozialpsychologisch analysieren wollten, hat aber weder das eine noch das andere geschadet. Ganz im Gegenteil belebten beide mit ihren Beiträgen viele Jahre lang eine Streitkultur, die nur genutzt hat – egal, wie wenig wasserfest ihre Thesen auch heute scheinen. *Die Unfähigkeit zu trauern* (1967), auf dessen Titel der Name Margarete zum ersten Mal erschien, war im Grunde kein Buch, sondern bloß ein Aufsatz der beiden Mitscherlichs von ungefähr 60 Seiten. Er warf, gestützt von der damals progressiven Psychoanalyse, die Frage auf, warum die Deutschen um einen Führer, den sie vergöttert, nicht nachher auch getrauert haben... Dieser Stein, in das stumpfe Meer der Vergangenheit geworfen, begeisterte die westdeutsche Nachkriegsjugend genauso wie jene Erwachsenen, die die Nazizeit überlebt und den Nachkrieg mit großen politischen Hoffnungen befrachtet hatten. Margarete Mitscherlich mutierte jedenfalls zur *grande dame* der Psychoanalyse-Sachwalterin in organisatorischer und ideologischer Hinsicht – erst nach dem Abtreten ihres Mannes. Sie hatte ihn 1955 geheiratet – ein 1949 geborener Sohn wurde bei Mutter und Bruder groß... Ich erinnere mich, dass Alexander Mitscherlich in meinen linken Kreisen, wiewohl hochgeachtet, seinerzeit hinter der Hand mit ungefähr 7 Ehen und 13 Kindern ausgestattet wurde. Ganz so irre waren die Verhältnisse zwar nicht – aber die junge Ärztin, die sich in diesen sexuell wie intellektuell inspirierenden Kollegen verliebte, musste wohl einiges durchstehen. Er war in zweiter Ehe verheiratet, hatte bereits fünf Kinder und wollte sich viel zu lange nicht scheiden lassen... So hypermodern, auf die Ehe keinen Wert zu legen, war Margarete Mitscherlich, Tochter eines dänischen Arztes und einer Lehrerin, nicht. So unmodern, auf eine selbständige Position in der Öffentlichkeit zu verzichten, als sich ihr endlich die zeitgeistige, feministische Gelegenheit bot, aber auch nicht. Den Spießerfeminismus à la Schwarzer hat sie wohl längst hinter sich gelassen. Die Frage, ob sie sich noch einmal an einer *Emma*-Initiative gegen die Vermarktung einer paradigmatisch und prototypisch interpretierten schwarzen Frau beteiligen würde, beantwortet sie nicht direkt. Indirekt schon: Wer schön ist, will sich zeigen. Andererseits lamentiert sie über weiblichen Masochismus, angezüchtete Komplexe von Minderwertigkeit bei Frauen und Unvollkommenheitsphantasien, die sie selbst bei ihren Enkelinnen registriert. Der Schwarzer-Feminismus, für den sie sich mal ins Zeug gelegt hat, ist wohl lange passé bei der Dame, die dreimal pro Woche noch ins Frankfurter Freud-Institut wandert.

Jahrgang 1917, gehört Margarete Mitscherlich einer interessanten und lehrreichen Frauengeneration an, die langsam verschwindet. Ich bekenne mich zur Idealisierung der Damen von ihrem Typus. Sie wollten sich emanzipieren – unter den Bedingungen der Nazis genauso wie unter denen, die das progressive Bürgertum vorher und nachher stellte. Sie wussten, was im Hinblick auf Emanzipation anstand, mussten alles aber irgendwie doch ganz alleine durchstehen. Klagen und lamentieren war ihre Sache nicht. Eher handeln und alle Probleme runterschlucken...

Margarete Mitscherlich hat auf nüchterne Weise immer wieder die Psychoanalyse ins Spiel gebracht. Der platte Feminismus von Schwarzer profitierte von Einsichten und Gedanken, die Margarete Mitscherlich ungescheut und unentwegt unter die Leute brachte. Überraschendes und Spektakuläres war zwar nie dabei – Margarete ist schließlich eine Dame und keine *celebrity*. Eine, die lange im Schatten ihres Mannes gestanden, dann aber gewusst hat, wie aus ihm herauszutreten war. Eine Frau, kurzum, vom Jahrgang 1917. Beispielhaft!

Der Text erschien am 17.07.2007 unter dem Titel »Die Unfähigkeit zu jammern. Zum 80. Geburtstag der Margarete Mitscherlich« in der *Berliner Zeitung*.

100 Jahre Simone de Beauvoir
*Wie man sich selbst und nebenher auch noch
die neue Frau erfindet*

Wer wie Simone de Beauvoir nicht nur als Urmutter der neuen Frauenbewegung respektvoll verehrt, sondern auch heute noch kritisiert, belehrt und manchmal verurteilt wird, und zwar von Feinden und Freundinnen gleichermaßen, der ist nicht zum Monument erstarrt, nicht in den Archiven abgelegt und bekommt zum Geburtstag einen großen Strauß, in den allerdings auch einige Disteln gemischt sind.

Irgendwann und irgendwo soll die am 9. Januar 1908 in Paris, Boulevard Montparnasse geborene Simone Lucie-Ernestine-Marie-Bertrand de Beauvoir gesagt haben: »Mein Leben ist mein Werk.« Ein Satz, der gedruckt ganz Verschiedenes bedeutet, je nachdem, welches Substantiv man betont. Bei »Leben« könnten Neulinge auf die Idee kommen, Beauvoir sei eine ebenso leidenschaftliche wie tatendurstige Frau gewesen und ihre Bücher nur ein unumgängliches Nebenprodukt. Zur Betonung auf »Werk« scheint dagegen die Biographie der Frau zu passen, die sich von der ehrgeizigen Schülerin zur Musterstudentin und dann zur disziplinierten Schriftstellerin weiterentwickelte. Die hielt sich sorgfältig von allem fern, was sie vom intellektuellen Austausch, vom Schreiben, Redigieren und Studieren hätte abhalten können. Wie viel Zeit hat Beauvoir wegen der Vorarbeiten für ihr berühmtes Werk über *Das andere Geschlecht* (1949) in Bibliotheken verbracht? Und sicher nicht weniger für die spätere, fast ebenso umfangreiche und methodisch demselben Muster folgende Studie über *Das Alter* (1970). Spricht das alles für ein Leben, das sich in der kreativen Arbeit verzehrt, so widerlegen vor allem die zahlreichen Amouren und die noch viel zahlreicheren Reisen neben den vielen Fotos von Sartre und Beauvoir, umstrahlt von der Gloriole einer bis dahin unbekannten Form der intellektuellen *celebrity*, die Idee einer reinen, nonnenhaften Existenz. Kein Zweifel, die Beauvoir hatte sich zu jemand gemacht und genoss auch die Früchte der Mühen. Andererseits...

Die Wahrheit liegt aber nun nicht in der Mitte zwischen den skizzierten Bildern. Die Wahrheit lautet ganz einfach, dass Simone de Beauvoir zur richtigen Zeit am richtigen Ort die geniale Intuition hatte, aus ihrem Leben ein Werk zu machen, oder umgekehrt, es von vornherein zu einem solchen zu erklären und sich auch entsprechend planvoll zu verhalten. Man lasse ihre Bücher einmal Revue passieren und begründe den großen Erfolg, den viele im Unterschied zu anderen gehabt haben. Ihr erster Roman beruhte auf der Erfahrung einer Dreiecksgeschichte, in die Sartre, Beauvoir und eine ihrer Schülerinnen lange verstrickt blieben. Das wussten die Leser damals nicht, und auch wir Späteren konnten *Sie kam und blieb* (1943) erst dann etwas abgewinnen, als uns die seit 1958 erscheinenden Memoiren näher an die wirklichen Protagonisten und vor allem näher an das Konzept Beauvoir herangeführt hatten. Was von diesem ersten Roman gesagt werden muss, gilt – mit einer Ausnahme – von allen anderen, die sie später noch schreiben sollte. Es sind Frauenromane mit sicherlich gehobener, existenzialistischer Problemstellung, aber konventionell formuliert und für meinen Geschmack ebenso ausdruckslos wie die endlosen Seiten, auf denen die Autorin im *Anderen Geschlecht* oder im *Alter* ihre Lesefrüchte sammelt, ordnet und ihre meistens richtigen, aber selten originellen Urteile vor uns ausbreitet.

Die Ausnahme sind die *Mandarins von Paris* (1954), für die Beauvoir den Prix Goncourt erhielt und die bereits ein Jahr nach Erscheinen auch deutschen Lesern vorlagen. Wie der Roman sich trotz seiner bohèmehaften Unmoral und expliziten Sexualschilderungen in die Bibliothek meines braven Mädchengymnasiums in den Fünfzigern verirrt hatte, wüsste ich heute noch gern ... Jedenfalls ist der Erfolg dieses gern als »Schlüsselroman« bezeichneten Werks vor allem anderen darauf zurückzuführen, dass Beauvoir sich hier der Form der protokollarischen Lebenserzählung ihrer selbst annäherte, die ja ihre eigentliche Erfindung ist. Von der Autobiographie unterscheidet sich dieses Genre durch seine zur Schau getragene Egozentrik und den Verzicht auf ordnende Retrospektion. Die *Mandarins von Paris*, angesiedelt in der unmittelbaren Zeit nach Kriegsende, gaben dem Leser bereits einen Vorgeschmack auf jene aus Privatem und Politischem so unwiderstehlich gemixte intellektuelle Kost, die die vier Bände der Memoiren (1958–72) dann in Reinform liefern sollten. Trotzdem der Leser dort vieles gewissermaßen richtiger wiederfindet als im Roman, bleiben die *Mandarins* die haltbarste Fiktion von Beauvoir.

Zum Genre der protokollarischen Lebenserzählung, und damit neben den Memoiren zum Kern ihres Werks, rechnet auch das Buch, in dem Beauvoir das von ihr sorgfältig begleitete und überwachte Sterben ihrer Mutter festhielt. Ein Jahr nach dem Tod Sartres 1980 erschien die *Zeremonie des Abschieds*. Fußend auf ihren Tagebuchaufzeichnungen aus zehn Jahren und Befragungen von Freunden bemächtigte sie sich darin des entsetzlichsten Verlustes, der sie treffen konnte. Wie sollte sie sich mit Sartres langem körperlichen, aber auch unübersehbar geistigen Verfall und seinem Tod sonst abfinden! Mit diesem Buch über das Ende Sartres und die Trennung schloss das Werk Beauvoirs – wie ihr Leben fast vorzeitig in jenem Delir geendet hätte, in das sie sich am Tag seines Begräbnisses getrunken hatte.

Bei aller Bewunderung für die folgenreiche Originalität ihrer besten Werke ist die protokollarische Lebenserzählung über Kritik nicht erhaben. Es steckt in dieser Form nämlich die Gefahr des Absinkens in die schiere Buchhaltung, der die Autorin im letzten Band erlegen ist. Da wird aus der ehedem so enthusiasmierenden Erzählung die peinliche und langweilige Pflichtübung einer doch recht humorlosen Frau, die sich allzu wichtig nimmt.

Andere Risiken der Lebenserzählung, die ja, richtig ausgeführt, Wichtiges und Unwichtiges, Krieg und Frisur im Extremfall gerade nicht unterscheidet und die Nähe der Zeit und der Personen sucht, denn es geht ihr ja immer ums ganze Leben und nicht um ein Abstraktum – liegen noch sichtbarer auf der Hand. Nicht jeder ist geschmeichelt, wenn er in einer Form, auf die er keinen Einfluss hat, in einem Buch erscheint. Nelson Algren zum Beispiel, der bereits unter anderem Namen in den *Mandarins* seinen ersten Auftritt hatte, regte sich über den zweiten im *Lauf der Dinge* so auf, dass er Beauvoir öffentlich wüst beschimpfte und ihre Liebesgeschichte als erfunden verleugnete.

Von Beauvoir als der Urmutter der neuen Frauenbewegung war scheinbar noch nicht die Rede. Dazu zwei Thesen: Ihre Wiederentdeckung des *Anderen Geschlechts* (das übrigens keiner ganz gelesen hat) war ein Nebeneffekt ihrer von Anfang an erfolgreichen Memoiren. Deren Form war befreiender, als es jeder Traktat über das Patriarchat hätte sein können; denn hier stellte sich so rücksichtslos wie selbstverständlich eine Frau in den Mittelpunkt ihres Lebens, das sie ohne Rechtfertigung und Begründung erfand, indem sie es nacherzählte. Während sie ununterbrochen »Ich« sagte, verführte sie die Leserin zum ersten Mal, ein Gleiches zu versuchen. Als Frau hatte man ja, egal wie klug und ehrgeizig, bis vor wenigen Jahren einen Knacks, eine eingebaute Bremse von Bescheidenheit und Unsicherheit – bis eben Beauvoir kam. Natürlich spielte bei der Verführung zum Fliegen auch jenes Paris noch eine Rolle, das in den sechziger Jahren unbestritten die Kulturhauptstadt der Welt war. Zweitens: Wie merkwürdig es auch klingen mag, Beauvoir war keine Feministin, auch wenn sie sich der neuen Frauenbewegung etwa so zur Verfügung gestellt hat wie Sartre nach '68 manchen Unternehmungen radikaler linker Gruppen. Das *Andere Geschlecht* enthält deshalb auch keine Anleitung zur Gleichstellungspolitik, nicht einmal zur Durchsetzung der Gleichberechtigung. Der meistzitierte Satz – »Als Frau ist man nicht geboren, man wird es« – enthält auch kein Votum für den

Konstruktivismus, wie er oft missverstanden wird, sondern zielt auf die Analyse aller Ideologien, die die weibliche Freiheit verhindern. Es geht nicht um die Befreiung der Frau(en), sondern um die jenes Individuums, das im Namen der »Frau«, der »echten Weiblichkeit« und ihrer »natürlichen« Neigungen und Fähigkeiten verhindert wird – und sich oft genug selbst verhindert; denn man ist nicht nur Opfer eines ungerechten Frauenschicksals, sondern ebenso Agent seines Lebens. Diese voluntaristische und individualistische Philosophie hatte, als ich sie in den fünfziger Jahren kennenlernte, etwas ungemein Ermutigendes und Befreiendes. Da las ich nämlich die handliche Kurzfassung des *Anderen Geschlechts*, die Marianne Langewiesche aus den 715 Seiten des Originals für *Rowohlts deutsche Enzyklopädie* erstellt hatte.

Es sind der Voluntarismus und Individualismus von Beauvoir, den sie nicht nur als Philosophin vertrat, sondern konsequent lebte, an denen sich heute die Kritik eines Feminismus entzündet, der sich strikt auf den Wohlfahrtsstaat, das Recht und notfalls die Polizei zur Durchsetzung seiner Ziele verlässt. Ein besonderes Ärgernis ist vielen der absolute Platz, den Beauvoir Sartre in ihrem Leben einräumte. Schwarzer, die gerade ein Lesebuch mit Bildern herausgegeben hat [Reinbek 2007], mutmaßt, dass sie den leidigen Pakt mit ihm aus Einsicht in die frauenfeindliche Umwelt geschlossen haben könnte. Verübeln tut sie der sonst Verehrten auch, dass sie ihrer angeblichen Bisexualität in Wort und Schrift keinen angemessenen Ausdruck gegeben hat. Andere wiederum haben ihr die mitleidlose Schärfe angekreidet, mit der sie immer wieder die Mittäterschaft der Frauen bloßgestellt hat, oder bemängeln ihre Geringschätzung der mütterlichen und hausfraulichen Leistungen. Vielleicht kommt ja die Zeit, wo dazu kein Anlass mehr besteht und die Arbeitsteilung der Geschlechter (»Als Mann ist man nicht geboren, man wird es...«) Fortschritte gemacht hat. Ganze Frauengenerationen, die ihre unfreiwilligen Mütter-Hausfrauen haben seufzen hören, schöpften Kraft aus der Strenge ihrer Verurteilung der Sisyphusarbeit ohne

Aussicht auf – nun ja, ein Ende und ein Werk. Ein wohlwollender Politologe hatte dagegen den Einfall, Beauvoir mit dem glückverheißenden Konzept der »Selbstverwirklichung« in Position gegen Norbert Bolz, Frank Schirrmacher und Eva Hermann zu rücken, die ja alle drei den unverzichtbaren Nutzen der »Frau«, der »Mutter«, der intakten »Familie« für die »Gesellschaft« betonen und argumentativ zurückzaubern wollen [Hans-Martin Schönherr-Mann, *Simone de Beauvoir und das andere Geschlecht*, München 2007]. Die wichtigsten Bücher über Beauvoir hat Beauvoir selbst geschrieben – solange sie zu haben sind, sollte man zugreifen.

Der Text erschien am 05.01.2008 unter dem Titel »Mein Leben ist mein Werk. Zum 100. Geburtstag von Simone de Beauvoir« in der WELT.

POLITIK BEI WAGENBACH

Ulrike Marie Meinhof   Die Würde des Menschen ist antastbar
Aufsätze und Polemiken

Diese »Aufsätze und Polemiken« sind ein Beispiel von entschiedenem Journalismus, der nicht vor den Höhen der Macht skandiert, sondern den politischen Widerspruch aufzufinden versteht, und zugleich ein Abriss deutscher Nachkriegsgeschichte.
Mit einem Nachwort von Klaus Wagenbach. WAT 491. 192 Seiten

Christoph Möllers   Demokratie
Zumutungen und Versprechen

Warum leben wir in einer Demokratie? Aus guten Gründen oder aus schlechter Gewohnheit? Warum sind wir von demokratischer Politik so oft enttäuscht? Weil sie versagt oder weil wir uns keine Rechenschaft darüber ablegen, was wir von ihr erwarten können?
Originalausgabe. WAT 580. 128 Seiten

Tillmann Löhr   Schutz statt Abwehr
Für ein Europa des Asyls

Die täglichen Flüchtlingsdramen scheinen sich weit vor den Außengrenzen der Europäischen Union abzuspielen. Tillmann Löhr erklärt, wie eine Verbesserung der humanitären Lage schon in wenigen Schritten erreicht werden kann.
Originalausgabe. WAT 628. 96 Seiten

Wenn Sie mehr über den Verlag oder seine Bücher wissen möchten, schreiben Sie uns eine Postkarte oder E-Mail (mit Anschrift und E-Mail-Adresse). Wir verschicken immer im Herbst die *Zwiebel*, in der wir Ihnen unsere neuen Bücher vorstellen. *Kostenlos!*

Verlag Klaus Wagenbach   Emser Straße 40/41   10719 Berlin
www.wagenbach.de